Inhaltsverzeichnis

Haftungsausschluss

Alle Informationen in diesem Buch stellen keine Finanzberatung oder Aufforderung zur Investition dar. Dieses Buch ist nur für Bildungszwecke gedacht. Der Autor ist nicht verantwortlich für dem Leser entstandene finanzielle Verluste aufgrund von Investitionen in Kryptowährungen oder andere Vermögenswerte. Wenn Sie in Kryptowährungen investieren und mit ihnen spekulieren, ist Ihr Vermögen gefährdet. **Stellen Sie Ihre eigenen Recherchen an** - recherchieren Sie immer unabhängig und vertrauen Sie niemals blind einem Berater. Nicht einmal uns. Treffen Sie Ihre Investitions- und Spekulationsentscheidungen immer unabhängig und bewusst.

Über den Autor

John Bax ist ein Krypto-Unternehmer, Investor, Trader und Autor. Im Frühjahr 2019 gründete John die Krypto-Community Crypto Go mit anderen Unternehmern, Fachleuten und Investoren, die sich für Bitcoin, Ethereum, Altcoins, Blockchains und die dezentrale Finanzwirtschaft (DeFi) begeistern. Das Team von Crypto Go besteht aus Fachleuten mit nachgewiesener Krypto-Erfahrung und unterschiedlichen Hintergründen: Smart-Contract-Programmierer, erfolgreiche Krypto-Unternehmer, Juristen, Marketing- und Kommunikationsexperten, Finanzanalysten, Trader und Investmentexperten. **Unsere Aufgabe ist es, ehrlich und verständlich über die Kryptoindustrie zu informieren und aufzuklären.** Wir wollen ein Maßstab für Bildung und Aufklärung über die Kryptoindustrie sein, mit ihren großen Chancen und ebenso ihren großen Risiken. **Wir entlarven die vielen Vorurteile, die diesem Sektor immer noch nachgesagt werden. In den letzten vier Jahren haben wir über 6.000 Menschen geholfen, die Kryptowelt zu verstehen und auf dem Kryptomarkt zu agieren, langfristig zu investieren und kurzfristig zu spekulieren.** Weitere Informationen über uns finden Sie auf unserer Website: **www.thecryptogo.com**.

Wenn Sie Zweifel oder Fragen zu diesem Buch haben oder wenn Sie auf Fehler oder Ungenauigkeiten in diesem Buch hinweisen möchten, die dann umgehend korrigiert werden, schreiben Sie uns bitte an info@thecryptogo.com. Wir werden uns so schnell wie möglich mit Ihnen in Verbindung setzen.

3 kostenlose Boni für Sie

Willkommen, liebe Leserin und lieber Leser,

ich danke Ihnen für Ihr Vertrauen. Ich hoffe, dass dieses Buch Ihre Erwartungen erfüllt und Sie lernen, wie Sie mit Kryptowährungen gewinnbringend investieren und spekulieren können. Vor allem hoffe ich, dass Sie die notwendigen Konzepte lernen, um bewusst und unabhängig in den Kryptowährungssektor zu investieren und zu spekulieren.

Bevor wir uns mit dem Buch beschäftigen, freue ich mich, Ihnen gleich drei Willkommensboni anbieten zu können.

Bonus 1: das kostenlose E-Book „16 Rules to Protect Your Crypto"

Die beste Anlagestrategie der Welt oder die profitabelsten Spekulationsgeschäfte aller Zeiten sind nichts wert, wenn Sie durch Cyberangriffe bösartiger Hacker gefährdet sind. Wenn es um Kryptowährungen geht, darf die Sicherheit niemals vernachlässigt werden, sonst könnten Sie Ihre gesamten Vermögenswerte verlieren. Ich habe in diesem E-Book die 16 Sicherheitsverfahren und Vorsichtsmaßnahmen aufgeführt, die Sie beim Handel mit Kryptowährungen unbedingt befolgen und beachten müssen. Ich empfehle Ihnen, dieses kurze E-Book zu lesen, bevor Sie das Hauptbuch lesen. Betrachten Sie es als eine Einführung in das Thema dieses Buch.

Bonus 2: das kostenlose E-Book „12 Mistakes to Avoid When Investing in Crypto"

Viele Berater oder (angebliche) Gurus in der Kryptowährungsbranche konzentrieren sich in ihrer Kommunikation oft darauf, wie man mit Kryptowährungen Geld verdienen kann. Bevor Sie jedoch lernen, wie Sie intelligent und effektiv in Kryptowährungen investieren oder mit ihnen spekulieren können, sollten Sie alle Maßnahmen kennen, die, wenn Sie sie ergreifen, unweigerlich dazu führen, dass Sie Ihr Kapital einem ernsthaften Risiko aussetzen.

Bevor Sie erfahren, wie Sie mit Kryptowährungen Geld verdienen können, sei es mit langfristigen Investitionen oder kurzfristigen Spekulationen, sollten Sie daher wissen, welche Fehler Sie vermeiden sollten, um Ihr Anfangskapital nicht recht schnell zu verlieren. Ich habe in diesem kostenlosen E-Book die 12 großen Fehler zusammengefasst, die Sie bei Investitionen in Kryptowährungen vermeiden sollten. Sie werden sehen, dass viele der Konzepte, die Sie entdecken, Sie sprachlos machen werden.

Bonus 3: Der Krypto-Geheimtipp dieser Woche von unseren versierten Analysten

Unter den Dienstleistungen, die wir bei Crypto Go unseren Kunden anbieten, ist das Flaggschiff zweifellos ein wöchentlicher Analysedienst für Kryptowährungen mit hohem kurzfristigem Wachstumspotenzial, der über unseren kostenpflichtigen Telegram-Kanal „Crypto Go Analysis“ bereitgestellt wird. Unsere fachkundigen Analysten führen wöchentlich On-Chain- und Fundamentalanalysen durch, um Ihnen die Token mit dem höchsten Potenzial auf dem Kryptomarkt vorzustellen. Machen Sie sich keine Sorgen, wenn Sie immer noch nicht wissen, was diese Begriffe bedeuten, Sie werden bald alles herausfinden, wenn Sie dieses Buch lesen.

Der Zugang zu unserem wöchentlichen Analyse-Telegram-Kanal ist kostenpflichtig. Weitere Einzelheiten finden Sie am Ende dieses Buches. Mit dem Kauf dieses Buches sind Sie jedoch berechtigt, die Analyse des neuesten von unseren Experten für diese Woche ausgewählten Vermögenswerts zu erhalten; eine einzigartige Gelegenheit, um herauszufinden, welche Kryptowährung die Aufmerksamkeit unserer Analysten aufgrund ihres kurzfristigen Wachstumspotenzials auf sich gezogen hat.

Ich möchte betonen, dass wir zwar bestrebt sind, Ihnen eine sehr gründliche Analyse zu liefern, dies aber keine Finanzberatung darstellt. Es ist eine Gelegenheit für Sie, einen Einblick in den neuesten ‚Hot Pick‘ von unserem Expertenteam zu bekommen. Verpassen Sie nicht die Chance, einen Vorgeschmack auf den Premium-Service zu bekommen, den wir über den Telegram-Kanal „Crypto Go Analysis“ anbieten.

Laden Sie die 3 kostenlosen Boni hier herunter!

Sie können diese drei kostenlosen Boni entweder durch Klicken auf den folgenden Link oder durch Scannen des QR-Codes mit Ihrem Smartphone herunterladen: **https://www.thecryptogo.com/bonuses-de/**.

Einführung

Ich wollte einen Leitfaden schreiben, der direkt auf den Punkt kommt und klar und direkt auf den Grund antwortet, warum Sie, liebe Leserin und lieber Leser, dieses Buch gekauft haben.

Mir ist bewusst, dass Sie eine Antwort auf die Frage suchen: „Wie kann ich mit Kryptowährungen Geld verdienen?“ Ich weiß, dass Sie nach einer Schritt-für-Schritt-Anleitung suchen, um in Kryptowährungen zu investieren und mit ihnen Geld zu verdienen.

Leider musste ich von diesem Vorhaben Abstand nehmen.

Bevor ich Ihnen nämlich erkläre, welche Strategien wir bei Crypto Go für langfristig erfolgreiche Investitionen und kurzfristige Spekulationen mit Kryptowährungen halten, die den Kern dieses Buches ausmachen, müssen Sie mit den grundlegenden Konzepten der Kryptowährungsbranche und der dezentralen Finanzwirtschaft (DeFi) vertraut sein.

Sie werden mir verzeihen, wenn Teil I dieses Buches theoretisch ist und vier Kapitel enthält, die Ihnen die grundlegenden Konzepte der Kryptowelt vermitteln. In diesen Kapiteln werden wir über Bitcoin, Ethereum, Altcoins, Wallet, Blockchain, DeFi und vieles mehr sprechen.

Die Kenntnis dieser Konzepte ist eine Voraussetzung, um zu lernen, wie man mit Kryptowährungen Geld verdienen kann. Diese theoretischen Kapitel sind bewusst knapp und direkt auf den Punkt gebracht, obwohl sie sehr viel Wissen vermitteln.

In den Teilen II und III des Buches werde ich darauf eingehen, was Sie am meisten interessiert.

In Teil II werden Sie erfahren, wie Sie langfristig in Kryptowährungen investieren können. Wir werden über die Konzepte sprechen, die Sie kennen müssen, um ein Portfolio aufzubauen, welche Vermögenswerte Sie einbeziehen sollten, wie Sie es verwalten, wie Sie es neu ausbalancieren und vieles mehr.

In Teil III werden Sie erfahren, was meiner Meinung nach die beste Methode ist, um kurzfristig mit Kryptowährungen zu spekulieren.

Eine Methode, die sich von dem unterscheidet, was Ihnen so viele angebliche Gurus täglich beizubringen versuchen, die aber Brancheninsider und große Investoren sehr gut kennen.

Was ich an DeFi am meisten schätze, ist die Tatsache, dass alle Geschäfte, auch die der größten Akteure, öffentlich sind. Jeder kann sie nachvollziehen.

In Teil III dieses Buches erfahren Sie, wie Sie die Bewegungen des so genannten „Smart Money (SM)" lesen (und kopieren!) können, d. h. Sie lernen von Großinvestoren oder Händlern, die viel Kapital bewegen und in der Vergangenheit nachweislich erfolgreich waren. Diese spezielle Welt wird „On-Chain-Analyse" genannt.

Aber ich möchte in dieser Einleitung nicht zu viel vorwegnehmen.

Lassen Sie mich all meinen Mitarbeitern danken, einschließlich Finanzanalysten, Händlern, Beratern, Anlageexperten und DeFi-Experten, die mir beim Schreiben dieses Buches sehr geholfen haben.

Ohne ihre Unterstützung wäre ich nicht in der Lage gewesen, die Konzepte, die Sie kennenlernen werden, bestmöglich zu vermitteln.

PS: Denken Sie daran, die ersten vier Kapitel des Buches nicht zu überspringen, auch wenn diese etwas theorielastig sind und wenig operative Informationen vermitteln. Ohne diese Basis können Sie nicht umsetzen, wie man mit Kryptowährungen investiert oder spekuliert, also lassen Sie ersten vier Kapitel nicht aus.

PS 2: Jedes Kapitel endet mit einer Zusammenfassung des Inhalts. So können Sie, wenn Sie ein bestimmtes Konzept nachlesen möchten, es schnell in der Zusammenfassung finden, ohne das ganze Kapitel noch einmal lesen zu müssen.

Viel Spaß beim Lesen.

John Bax, Gründer von Crypto Go

www.thecryptogo.com

cryptogo

TEIL I: Schlüsselkonzepte zu Bitcoin, Ethereum, Altcoins, Blockchain und der dezentralen Finanzwirtschaft (DeFi)

Kapitel 1: Bitcoin

Was ist Bitcoin?

Vielleicht haben Sie von einem Freund sehr gute Dinge über Bitcoin (BTC) gehört, und sicherlich haben Sie im Fernsehen auch sehr schlechte Dinge darüber gehört. Vielleicht haben Sie auch schon Ihre ersten Bitcoins gekauft.

Die meisten Menschen haben jedoch eine falsche Vorstellung von BTC, was es ist und wozu es gut ist. Aber das ist nicht Ihre Schuld, liebe Leserin und lieber Leser. Bitcoin ist wahrscheinlich das Thema auf der Welt, über das es die meisten Fehlinformationen überhaupt gibt. Jeden Tag, jeden Monat oder jedes Jahr greift eine Publikumszeitschrift Bitcoin und die Kryptowährungsbranche im Allgemeinen an. Außerdem ist Bitcoin laut den Mainstream- und Publikumsmedien in den letzten Jahren mindestens 1.000-mal gestorben.

Aber was ist Bitcoin überhaupt? Wir können Bitcoin als ein elektronisches Peer-to-Peer-Geldsystem definieren. Bitcoin ist eine Form von Geld. Als solches verändert sich BTC nicht im Laufe der Zeit, noch stirbt es, wie viele Medien Monat für Monat wiederholen.

Wenn Sie vom Wert des Bitcoin hören, erfahren Sie den Dollarwert von Bitcoin. Aber denken Sie daran, dass ein Bitcoin immer ein Bitcoin bleibt, denn **BTC ist eine Währung, es ist eine Form von Geld, dessen Wert sich nicht ändert.** Was sich ändert, ist der Dollar-Gegenwert von BTC, der sich aus Angebot und Nachfrage ergibt. Wenn Sie hören, dass BTC tot ist, weil sein momentaner Gegenwert zum Dollar sinkt, dann hören Sie einer Person zu, die absolut nichts über BTC weiß. BTC ändert sich nie und stirbt nie. Höchstens sein Gegenwert in Dollar kann sich ändern, aber ein BTC, das vor fünf Jahren gekauft wurde, bleibt auch heute ein BTC. Und solange dies der Fall ist, wird BTC niemals sterben.

Bitcoin wurde zu einem ganz anderen und edleren Zweck als der reinen Finanzspekulation geschaffen. Niemand hat BTC geschaffen, um zu sagen: „Lasst uns mit BTC spekulieren." **Bitcoin wurde geschaffen, um eine neue, unabhängige, dezentralisierte Form des Geldes zu erhalten, und nicht, um ein Spekulationsinstrument zu kreieren. Bitcoin ist eine Form von Geld und ein Zahlungssystem, d. h. eine Methode, Geld auszutauschen.**

Geld war nicht immer so, wie man es heute kennt, nämlich von Regierungen kontrolliert, die alle seine Eigenschaften (Umlaufmenge, Inflation usw.) festlegen. Gold zum Beispiel ist seit Tausenden von Jahren eine Form von Geld und wurde nie von Regierungen kontrolliert. Die Menschheit wählte Gold als Geldform, weil es hervorragende Eigenschaften für diesen Zweck besaß, wie zum Beispiel

- Knappheit: Gold ist ein begrenzter Rohstoff auf der Erde. Es können keine neuen Vorkommen geschaffen werden. Daher behält es seinen Wert.
- Dauerhaft: Gold ist schwer zu zerstören.

Interessanterweise sind moderne Formen des Geldes weder knapp (eine Regierung kann nach Belieben Geld drucken) noch dauerhaft (Banknoten können leicht zerstört werden).

BTC steht für die Entwicklung der Geldformen in einer progressiven Gesellschaft. Die Menschheit hat im Laufe ihrer Geschichte oft ihre Geldformen geändert, vom Tauschhandel über Gold bis hin zu modernen Währungen, um nur einige zu nennen. Und sie bereitet sich darauf vor, vielleicht auch BTC zu verwenden.

Bitcoin stellt daher eine weitreichende Entwicklung im Umgang der Menschheit mit Geld dar. Es ist nur natürlich, dass er von den etablierten Finanzakteuren und Regierungen als Bedrohung angesehen wird, da sie ihre direkte Kontrolle über das Geld verlieren würden. Ein großer Teil der Mainstream-Medien und der Finanzwelt erklärt BTC ständig für tot, in der (vergeblichen) Hoffnung, dass sich mehr Menschen für immer davon fernhalten werden.

Geburt und Entwicklung von Bitcoin

Wer hat Bitcoin erfunden?

Sie haben wahrscheinlich schon von Satoshi Nakamoto gehört. **Satoshi Nakamoto ist das Pseudonym des/der Erfinder(s) von Bitcoin. Eine Person (oder eine Gruppe von Personen), die anonym blieb, nie identifiziert wurde und sich vor**

vielen Jahren in Luft auflöste. Satoshi Nakamoto erfand das Bitcoin-Technologiesystem, schenkte es der Welt und verschwand von der Bildfläche. Es gibt kein Unternehmen, keinen Eigentümer, kein Patent und keine Marke hinter dem BTC-System. **Niemand kann die Bitcoin-Technologie für sich beanspruchen**.

Die Schaffung des BTC-Systems war weder einfach noch ging es schnell. Es sollte betont werden, dass die Schaffung von Bitcoin das Ergebnis jahrelanger Arbeit ist, die die besten unabhängigen Programmierer und Kryptographen der Welt vereinte (und auch heute noch vereinigt). BTC ist ein Stück Code, ein Computersystem, dessen Wesen und Schlüsselstruktur sich niemals ändern und für immer gleichbleiben wird. Dennoch arbeiten viele unabhängige Programmierer und Kryptographen, die wir als Bitcoin-Community bezeichnen, noch heute am BTC-Code, nicht, um die Grundstruktur zu ändern, sondern um ihn zu verbessern und effizienter und schneller zu machen.

Die acht Merkmale von Bitcoin

Die acht Merkmale von BTC sind:

1. **Open Source und frei.** Der Open-Source-Code gehört allen und ist für jeden zugänglich. Jeder Programmierer kann ihn sehen und lesen. Nicht jede Software ist quelloffen; viele sind im Besitz privater Unternehmen, und ihr Code ist nicht öffentlich. Ein Beispiel für Software mit geschlossenem Code ist Windows, dessen Code sich im Besitz von Microsoft befindet und daher nicht öffentlich gelesen werden kann. Von dem Windows-Code profitiert das Eigentümerunternehmen Microsoft, indem es eine Lizenz zur Nutzung des Codes überträgt, ohne dass dieser für die Nutzer sichtbar ist (die nur für die Nutzung des Codes zahlen, nicht aber für das Lesen des Codes). Der Bitcoin-Code ist nicht nur quelloffen, sondern auch kostenlos. Jeder kann ihn frei verwenden, ohne irgendjemandem etwas bezahlen zu müssen. BTC ist auch freie Software. Daher ist BTC eine „Freie und Open-Source-Software (FOSS)“.

2. **Begrenzt.** BTC ist ein knappes Gut. Es gibt nur etwa 21 Millionen Bitcoins auf der Welt. Bitcoins werden durch ein Mining-System ausgegeben, auf das wir in den nächsten Abschnitten eingehen werden. Alle vier Jahre halbiert sich jedoch die Zahl der ausgegebenen BTC, und dies wird in den nächsten 100 Jahren so bleiben, bis die Zahl von etwa 21 Millionen Bitcoins erreicht ist und keine neuen mehr ausgegeben werden können. BTC ist also, ähnlich wie Gold, begrenzt. Es wird geschätzt, dass etwa drei Millionen Bitcoins für immer verloren gegangen sind. Die Knappheit einer Geldform ist, wie wir gesehen haben, eine Eigenschaft, die ihren Wert erhöht. Unter diesem Gesichtspunkt sind Gold und BTC bessere Geldformen als nationale Währungen, die die Zentralbanken nach Belieben ausgeben können.

3. **Dauerhaft.** BTC ist ein rein digitaler Vermögenswert, also ein dauerhafter Vermögenswert; er kann nicht zerstört werden.

4. **Einfach zu überweisen.** BTC ist die am einfachsten zu transferierende Form von Geld. Wenn man den Vergleich zum Beispiel mit Gold fortsetzt, kann man leicht erkennen, dass BTC viel einfacher überall auf der Welt transferiert werden kann als Gold. Versuchen Sie einmal, mit 500 Millionen USD in Gold oder mit 500 Millionen USD in Bitcoins um die Welt zu reisen; im ersten Fall müssen Sie sich in einem gepanzerten Lastwagen und in Begleitung einer bewaffneten Eskorte fortbewegen. Im zweiten Fall können Sie sich mit nichts fortbewegen. Sie müssen sich lediglich den privaten Schlüssel Ihrer Wallet (wir werden gleich sehen, was eine BTC-Wallet ist) merken, um überall auf Ihre Bitcoins zugreifen zu können.

5. **Teilbar.** BTC ist bis zur einhundertmillionsten Einheit teilbar. Diese Einheit wird Satoshi (Sats) genannt, zu Ehren des Gründers. Die Teilbarkeit ist ein weiteres wesentliches Merkmal für die Nutzbarkeit einer Münze. Stellen Sie sich einmal vor, BTC wären nicht teilbar und die einzigen möglichen Übergänge wären mindestens ein BTC. Die Nutzung von BTC wäre eingeschränkt, da nur sehr teure Transaktionen möglich wären.

6. **Fungibel.** Jeder Bitcoin ist gleich; ein Bitcoin ist genau gleich viel wert wie jeder andere Bitcoin. NFTs zum Beispiel sind keine fungiblen Token, da sich ein bestimmter NFT von einem anderen unterscheidet.

7. **Unveränderlich.** Die Grundstruktur des BTC-Codes wird sich im Laufe der Zeit nicht ändern. Wie wir jedoch gesehen haben, arbeitet eine Gemeinschaft von Programmierern und Kryptographen kontinuierlich am BTC-Code, um ihn zu verbessern; daher sind zukünftige Entwicklungen und Änderungen an BTC möglich.

8. **Dezentralisiert und nicht kontrolliert.** Im Vergleich zu anderen ähnlichen Projekten, die in der Vergangenheit gegründet wurden, um eine digitale und globale Währung zu schaffen, hat BTC den großen Vorteil, dezentralisiert zu sein. Wie wir gesehen haben, kontrolliert kein Unternehmen und keine zentrale Software BTC. Jedes Element der Zentralisierung, wie eine Bank oder ein Unternehmen, das den Code verwaltet, hätte das Projekt nutzlos gemacht, da alles leicht hätte zensiert werden können. **Die wichtigste Folge der vollständigen Dezentralisierung von BTC ist seine fehlende Zensur.** Eine Bank kann leicht Ihr Bankkonto einfrieren, aber niemand kann Ihre Bitcoin-Wallet einfrieren. Eben weil niemand, der hinter dem BTC-System steht, Ihr Wallet physisch einfrieren und kontrollieren kann. Das ist der Vorteil der vollständigen Dezentralisierung, die nur BTC hat, das ist sogar einmalig in der Kryptoindustrie. **Die Dezentralisierung ist DER Grund, warum BTC etwas Besonderes von großem Wert ist. Denken Sie darüber nach. Unsere Zahlungssysteme und Zahlungsformen sind alle zentralisiert.** Die Bank ist ein privates Unternehmen, ebenso wie PayPal. Wir bewegen unser Geld mit Hilfe von privaten Unternehmen. Regierungen können jederzeit in ein privates Unternehmen eingreifen. Sie können jedoch nicht in BTC als dezentrales System eingreifen. Dollars auf der Bank sind

am einfachsten zu kontrollieren; eine Regierung kann sie innerhalb von Minuten einfrieren. **Ihr Geld auf Ihrem Bankkonto (ebenso wie Ihre Investitionen in Aktien und Anleihen) gehört Ihnen nicht, da Sie es an private Unternehmen verleihen, die die tatsächliche Kontrolle darüber haben (Banken, Finanzmakler), und Ihr vermögen kann sofort von nationalen Regierungen eingefroren werden.** Vielleicht sollte unsere ideale Form des Geldes von der Kontrolle durch eine Regierung getrennt sein, und Ihr Geld sollte Ihnen gehören und nicht dauerhaft an ein privates Unternehmen verliehen werden. Aber das ist das Finanzsystem, an das wir in der modernen Welt gewöhnt sind. **Vielleicht ist es nicht das beste System. Vielleicht ist BTC eine bessere Alternative.**

Beispiele für Bitcoin-Anwendungsfälle: Nigeria und Venezuela

Schauen wir uns zwei Beispiele aus der Praxis an, die Ihnen helfen werden, die neuesten Konzepte zu verinnerlichen, die Sie über BTC gehört haben.

1. BTC wurde gegen Nigerias blutrünstige Regierung eingesetzt

Ende 2020 berichteten die Zeitungen in aller Welt über die Straßenproteste junger Nigerianer gegen ihre Regierung, die sich eines hohen Maßes an Korruption schuldig gemacht hatte und damit jede Möglichkeit der Entwicklung des Landes blockierte. Die Proteste führten zu Blutvergießen, da die nigerianische Polizei mit großer Brutalität vorging, was Dutzende von Todesopfern zur Folge hatte und die Proteste noch weiter anheizte.

Vereinigungen, die die Proteste der nigerianischen Jugend gegen die Korruption der Regierung und die Brutalität der Polizei unterstützten, gewannen zunehmend an Stärke. Was hat die nigerianische Regierung daraufhin getan? Sie sperrte alle Bankkonten dieser Vereinigungen, so dass diese von einem Tag auf den anderen keinen Zugang mehr zu dem Geld hatten, das zur Finanzierung der Proteste benötigt wurde.

Wie konnten die Straßenproteste der Nigerianer trotz der Sperrung der Bankkonten der Vereine, die diese Proteste finanzierten, weitergehen? Durch Bitcoin. Die Verbände nutzten BTC, um ihre Proteste zu finanzieren und erhielten Spenden aus der ganzen Welt von Menschen, denen ihre Sache am Herzen lag. In diesem Fall konnte die Regierung den Geldfluss oder die Verwendung von BTC nicht stoppen, und die Proteste konnten weitergehen.

2. BTC gegen Hyperinflation in Venezuela

Von 2013 bis 2020 erlebte Venezuela eine Rekordinflation mit katastrophalen wirtschaftlichen und sozialen Folgen für die Bevölkerung. In diesem Zusammenhang wurde die Landeswährung fast wertlos, und auch die Ersparnisse der Menschen waren wertlos geworden. Die venezolanische Regierung hatte die Verwendung von Fremdwährungen verboten, so dass die Bürger, selbst diejenigen, die versuchten, Geld zu verdienen, z. B. durch weltweit über das Internet angebotene Dienstleistungen, kein Geld in Fremdwährungen erhalten konnten, auch nicht über alternative Kanäle wie PayPal. PayPal ist ein privates Unternehmen, das von den nationalen Regierungen kontrolliert werden kann.

Einige Menschen in Venezuela überlebten, indem sie im Internet Geld verdienten und in BTC bezahlt wurden, die von der Regierung nicht eingefroren werden konnten. Und nicht nur das: Einige Menschen in Venezuela sind aus dem Land geflohen und sie haben ihre Ersparnisse in Bitcoins mitgenommen, was unmöglich gewesen wäre, wenn diese Ersparnisse in anderen Währungen vorgelegen hätten, da ihre (sperrbaren) Bankkonten sofort überprüft worden wären. Für Menschen, die in Ländern mit schweren Inflationsproblemen wie Venezuela leben, ist BTC nützlich, um Geld zu verdienen, zu überleben und das eigene Vermögen zu sichern.

Bitcoin-Wallets

Eine BTC-Wallet ist ein notwendiges Instrument zur Aufbewahrung von Bitcoins. Wallets gibt es in verschiedenen Ausführungen:

- **Desktop-Wallet:** Eine digitale Geldbörse, die Sie auf Ihrem Computer aufbewahren.
- **Mobile Wallet:** eine digitale Geldbörse, die Sie auf Ihrem Telefon, Tablet oder einem anderen mobilen Gerät installieren.
- **Web-Wallet:** Geldbörsen, die über Online-Schnittstellen existieren und kontrolliert werden.
- **Hardware-Wallet:** ein physisches Gerät, ähnlich wie ein USB-Stick, das Ihre Bitcoins sicher aufbewahrt.

Einige Wallets können nicht nur Bitcoins, sondern auch andere Kryptowährungen aufnehmen. Zum Beispiel können die beliebtesten Hardware-Wallets viele verschiedene Kryptowährungen enthalten.

Wie erhalte ich Bitcoins von einer anderen Person in meine Wallet?

Um Bitcoins in Ihre Wallet zu erhalten, müssen Sie der anderen Person eine alphanumerische Adresse geben, die wir mit einer ABA- oder IBAN-Nummer im traditionellen Finanzwesen vergleichen können (oder besser gesagt, mit der E-Mail-Adresse von PayPal). **Ihre BTC-Adresse, die mit Ihrer Wallet verbunden ist, besteht aus einer langen Reihe von Zahlen und Buchstaben.** Ihre Adresse kann auch mit einem QR-Code verknüpft werden, so dass die andere Person einfach diesen QR-Code scannen kann, um Bitcoins an Ihr Wallet zu senden.

Ist BTC anonym?

Um Bitcoins von einer anderen Person zu erhalten, benötigen Sie nur die alphanumerische Adresse, die mit Ihrer Wallet verbunden ist und die NICHT mit Ihrem Vor- und Nachnamen verbunden ist. Ist BTC also anonym? Es ist korrekter zu sagen, dass BTC ein pseudonymes System ist.

Die Tatsache, dass jede BTC-Wallet nicht mit einem Vor- und Nachnamen verknüpft ist, ist gut, denn ich halte die Privatsphäre in der Welt der Zahlungen für positiv. **Warum muss ich meinen Vor- und Nachnamen bekannt geben, wenn ich mit Karte bezahlen will?** Mit BTC kann ich in einem Geschäft bezahlen, indem ich nur meine alphanumerische Adresse angebe, ohne meinen Vor- und Nachnamen, die auf einer Kreditkarte sichtbar sind. Ich halte das nicht für eine schlechte Sache.

Das BTC-System ist jedoch pseudonym, denn **in dem Moment, in dem ich meine Bitcoins oder meine anderen Kryptowährungen von meiner Wallet zu einer Kryptowährungsbörse bringe, auf der ich BTC in FIAT-Währungen wie den Dollar umtauschen kann, kann ich die umgetauschten FIAT-Währungen abheben oder ich kann einfach BTC in andere Kryptowährungen umtauschen, werden alle meine Daten bekannt.** Exchanges oder CEX (Centralized Exchanges) sind wie Banken, es sind private Unternehmen. Sie verbinden Angebot und Nachfrage für BTC und andere Kryptowährungen miteinander und ermöglichen so den Austausch dieser Währungen. In dem Moment, in dem Ihre Bitcoins und Kryptowährungen bei einer zentralen Börse eingehen, vertrauen Sie Ihre Kryptowährungen einem privaten Unternehmen an, das wie eine Bank ist und daher per Gesetz alle Ihre Daten kennt. Die Börse weiß, wer Sie sind. **In dem Moment, in dem Sie einer Börse beitreten, gibt es also keine Anonymität mehr.**

Alle Börsen sind gesetzlich verpflichtet, KYC (Know Your Customer) durchzuführen, ein Kundenverifizierungsverfahren, das die Überprüfung der Identität beinhaltet. Regierungen auf der ganzen Welt bezahlen Beratungsfirmen, um herauszufinden, wessen Bitcoins und andere verdächtige Kryptowährungen auf Börsen ankommen und woher diese Bitcoins und Kryptowährungen kommen.

BTC können zum Schutz der Privatsphäre ausgegeben werden, aber in dem Moment, in dem man BTC oder andere Kryptowährungen zu einer zentralen Börse bringt, verschwindet die Anonymität.

Die Fake News von BTC als perfekte Geldform für Kriminelle

Dieses Jahrzehnt, ist, wie Sie sich denken können, das Jahrzehnt der Fake News. Auch hier wird in Bezug auf Bitcoin behauptet, dass BTC ein perfektes System für Kriminelle ist. Dabei ist BTC ungeeignet für Kriminelle, mindestens aus zwei Gründen:

1. **Erstens ist die BTC-Blockchain öffentlich.** Alle BTC-Transaktionen auf der Blockchain können eingesehen werden, so dass man rückwärtsgehen und

alles überprüfen kann. Alles ist öffentlich. Alle vergangenen Bewegungen von potenziellen kriminellen Wallets sind auf der Bitcoin-Blockchain öffentlich.

2. **In dem Moment, in dem Kriminelle ihre Bitcoins in FIAT-Währungen umtauschen und dann das Geld auf ihre Bankkonten abheben, müssen sie dies über zentrale Börsen tun.** An dieser Stelle verschwindet, wie Sie bereits wissen, ihre Privatsphäre. Sobald diese verdächtigen Gelder identifiziert sind, kann man in der BTC-Blockchain rückwärtsgehen, um alle Transaktionen zu überprüfen, die dazu geführt haben, dass diese Person eine bestimmte Menge Bitcoins an der Börse eingezahlt hat.

Zusammengefasst: BTC ist eine echte Katastrophe für Kriminelle!

Privater Schlüssel und öffentlicher Schlüssel

Wenn Sie eine BTC-Wallet erstellen, werden zwei Schlüssel generiert: ein öffentlicher Schlüssel und ein privater Schlüssel. Der öffentliche Schlüssel wird verwendet, um die Adresse Ihrer Wallet zu generieren. **Sie können diese Adresse an jeden weitergeben. Das Einzige, was eine andere Person mit Ihrer Adresse tun kann, ist zu sehen, wie viele Bitcoins darauf gespeichert sind oder Sie kann Ihnen Bitcoins senden.**

Hinweis: Mit Ihrer BTC-Adresse können Sie nur Bitcoins empfangen. Für andere Kryptowährungen, die auf anderen Blockchains basieren (wie z. B. Ethereum), müssen Sie eine andere Adresse verwenden. Viele der besten Wallets auf dem Markt bieten die Möglichkeit, auf derselben Wallet verschiedene Adressen zu verwenden, um Kryptowährungen von verschiedenen Blockchains zu empfangen.

Der private Schlüssel repräsentiert Ihr Eigentum an BTC. Den privaten Schlüssel kann man sich wie ein Passwort vorstellen. Die Person mit diesem privaten Schlüssel, diesem Passwort, besitzt die Bitcoins in der Wallet und kann sie bewegen, wohin sie will. Daher sollte der private Schlüssel niemals mit jemandem geteilt werden. **Der private Schlüssel wird durch die so genannte ‚Seed Phrase' dargestellt, die aus einer Reihe von Wörtern besteht.** Wenn Sie den privaten Schlüssel einer Wallet kennen, wenn Sie diese Wörter kennen, besitzen Sie das Eigentum an den Bitcoins (und anderen Kryptowährungen), die die Wallet enthält.

Wenn Sie Ihre Bitcoins an einer Börse platzieren, verfügen Sie nicht mehr über den privaten Schlüssel der Wallet, in der die Bitcoins platziert sind. Die Börse hat nun den privaten Schlüssel. Daher gehören die Bitcoins nicht mehr Ihnen. Sie gehören jetzt der Börse, ganz analog zu dem Geld auf Ihrem Bankkonto. Daher kommt der berühmte Satz: „Nicht Ihre Schlüssel, nicht Ihre Münzen." Nur wenn Sie Bitcoins in Ihre persönliche Geldbörse verschieben, gehen sie wieder in Ihr Eigentum über. Andernfalls haben Sie einen Vertrag, ein Treuhandverhältnis, mit der Börse, die Ihre Bitcoins besitzt.

Denken Sie daran: Das Eigentum an der Seed Phrase ist das Eigentum an den Bitcoins, die die Wallet enthält. **Sie können Ihre Bitcoins auf jeder Wallet überall auf der Welt abrufen, indem Sie die Wallet mit dem Eintrag Ihrer Seed Phrase konfigurieren.** In der Anfangsphase der Einrichtung der Wallet werden Ihre Adresse (öffentlicher Schlüssel) und Ihr privater Schlüssel (Seed Phrase) erstellt. Wenn die Wallet zerstört wird, können Sie den gesamten Inhalt wiederherstellen, indem Sie einfach Ihre Seed-Phrase in eine andere Wallet eingeben. Die Seed-Phrase sollte dann sorgfältig aufbewahrt werden, beispielsweise in einem Banksafe. Weitere Informationen zur Aufbewahrung der Seed Phrase und zur Selbstverwahrung finden Sie in dem kostenlosen eBook „16 Regeln zum Schutz Ihrer Kryptowährung".

Dies gilt auch für andere Blockchains und andere Kryptowährungen. Auf vielen Hardware-Wallets können Sie Kryptowährungen verschiedener Blockchains halten und Sie haben dann verschiedene Adressen, über die Sie verschiedene Kryptowährungen empfangen können.

Eine letzte Information: **Die Seed-Phrase ist nicht unbedingt das, was Sie jedes Mal eingeben müssen, wenn Sie Ihre Bitcoins ausgeben wollen, da die besten Wallets Ihnen erlauben, für Ihre täglichen Operationen ein kürzeres Passwort zu erstellen, das Ihnen ermöglicht, schneller zu agieren.**

Welche ist die beste Wallet?

Welche Art von Wallet empfehle ich Ihnen? Wenn Sie das kostenlose eBook „16 Regeln zum Schutz Ihrer Kryptowährung" gelesen haben, wissen Sie bereits, dass **ich Ihnen die Verwendung einer Hardware-Wallet empfehle.** Zum einen, weil sie die sicherste Wahl für die Aufbewahrung von Kryptowährungen ist, und zum anderen, weil sie es Ihnen ermöglicht, sicher im DeFi zu operieren, worauf wir gleich noch eingehen werden.

Unter den vielen Hardware-Wallets gibt es eine, die ich besonders empfehle. Sie wird von einem Unternehmen hergestellt, das in der Branche führend ist und sich durch seine Sicherheit und Zuverlässigkeit auszeichnet.

Welches Produkt ich meine und weitere Informationen finden Sie unter folgendem Link oder indem Sie den folgenden QR-Code mit Ihrem Smartphone scannen: https://www.thecryptogo.com/best-hardware-wallet/.

Hinweis: Wenn Sie vorhaben, die empfohlene Hardware-Wallet zu kaufen, tätigen Sie Ihren Kauf über einen der Links auf der oben genannten Webseite. Dies sind Crypto Go Affiliate Links. Wenn Sie Ihren Kauf über solche Links tätigen, erhalten wir eine kleine Gebühr, während es Sie nichts kostet. Auf diese Weise helfen Sie uns, die Erstellung weiterer wertvoller Inhalte und Bücher zu finanzieren. Wir danken Ihnen im Voraus!

Die Blockchain

Vielleicht haben Sie schon von der Blockchain gehört, der Technologie hinter BTC und anderen Kryptowährungen. Blockchain ist eine Technologie, die auf einem Netzwerk von Knoten basiert, das ein öffentliches Hauptbuch, das aus einer Vielzahl von Daten und Informationen, wie z. B. Transaktionen, besteht, eindeutig und sicher verwaltet, und zwar auf offene und verteilte Weise, ohne dass eine zentrale Kontrolle erforderlich ist. Blockchain ist also eine Technologie, die sich auf ein verteiltes Hauptbuch stützt, das von den Knoten im Netzwerk gelesen und geändert werden kann. **Man kann sich die BTC-Blockchain als eine dezentrale Software vorstellen, die die sichere Aufzeichnung aller Transaktionen ermöglicht, die mit BTC stattfinden.** Die Integrität und die zeitliche Abfolge der Blockchain werden durch Kryptographie geschützt.

Es ist nicht der Zweck dieses Buches, zu sehr ins Detail zu gehen, was die technischen Einzelheiten der Blockchain-Technologie angeht, die wie alle Technologien nur von Experten wie Kryptographen und Programmierern verstanden werden kann. Sie müssen nicht genau verstehen, wie Blockchain funktioniert, um in der Branche tätig zu sein. Das wäre so, als würde man sagen, man könne keine Handys benutzen, weil man den Mechanismus der elektromagnetischen Wellen, der ihre Nutzung ermöglicht, nicht vollständig versteht. Sie wissen, dass die Technologie, die die Nutzung von Handys ermöglicht, existiert, dass sie funktioniert und dass Sie genau wissen, wie sie zu nutzen ist, auch wenn Sie nicht alle technischen Details verstehen, nach denen diese Technologie funktioniert. Mit der Blockchain verhält es sich genauso.

Sie sollten jedoch die Grundprinzipien der Blockchain verstehen und warum sie die Basis der Kryptoindustrie ist. Eine sinnvolle Frage ist: Warum ist der Hauptzweck der Blockchain-Technologie die Aufzeichnung aller Transaktionen, die jemals stattgefunden haben? Als man in der Vergangenheit versucht hat, eine globale digitale Währung zu schaffen, bestand die große Hürde immer darin, das Problem der doppelten Ausgaben zu lösen, d. h., dass der Besitzer der digitalen Währung sie nicht mehrfach ausgeben kann.

Bei Bargeld ist das einfach: In dem Moment, in dem Sie Ihr Bargeld weggeben, haben Sie es nicht mehr und können es nicht erneut ausgeben. Bei einer digitalen, dezentralen Währung ist die Lösung dieses Problems jedoch nicht so einfach, da Cyberexperten die tatsächlichen Ausgaben einer rein digitalen Währung leicht verändern könnten. Wenn man darüber nachdenkt, ist auch unser Bankkonto nur eine Nummer in einer Plattform, die leicht von einem Experten geändert werden könnte. Allerdings garantiert das dahinterstehende Unternehmen, die Bank, die Gültigkeit der Transaktionen und des Bargelds auf Ihrem Bankkonto. Darüber hinaus müssen die Bank, PayPal und andere private Unternehmen in der Finanzwelt strenge nationale und internationale Cybersicherheitsstandards einhalten und werden ständig von Institutionen überwacht. Daher ist das Problem der doppelten Ausgaben für digitale Münzen gelöst, wenn ein dahinterstehendes Unternehmen wie eine Bank eine strenge und regulierte Kontrolle durchführt.

Aber bei BTC, das, wie Sie gesehen haben, in einem dezentralisierten System funktioniert, wird das Problem komplizierter, da es keine Kontrollinstanz gibt. **Wer überprüft also, ob die Transaktionen gültig sind? Wer stellt sicher, dass niemand das System betrügen kann, indem er sich nicht an die Regel der doppelten Ausgaben hält? Die Blockchain-Technologie ist die Lösung für dieses Problem, weil sie als „unveränderliche Aufzeichnung aller jemals getätigten Transaktionen" fungiert.** Daher ermöglichte die Blockchain die Verbreitung von BTC und anderen Kryptowährungen, weil sie die Regelmäßigkeit aller Transaktionen ermöglichte. **In einer Blockchain werden alle jemals getätigten Transaktionen aufgezeichnet und veröffentlicht, und auf diese Weise wird Betrug durch doppelte Ausgaben verhindert.**

Die BTC-Blockchain ist, stark vereinfacht, ein Transaktionsbuch, ein Buchhaltungsbuch für alles, was jemals im BTC-Netzwerk ausgegeben wurde, und sie stellt sicher, dass Bitcoins nicht mehr als einmal ausgegeben werden. **Ein weiteres wichtiges Merkmal der Blockchain-Technologie ist, dass die eingegebenen Daten unveränderlich sind.** Die Daten werden in Blöcken verarbeitet, die aufeinander folgen, und es gibt keinen Weg zurück in die Blockchain, ohne alle nachfolgenden Blöcke zu ändern. Dieser Mechanismus gewährleistet die Unveränderlichkeit der Transaktionen.

Die BTC-Blockchain ist nicht die einzige. Es gibt, wie wir sehen werden, viele andere Blockchains in der Kryptoindustrie, beispielsweise die Ethereum-Blockchain. Beachten Sie bei der Bewertung der verschiedenen Blockchains in der Branche, dass **es immer einen Kompromiss zwischen vier Merkmalen einer Blockchain gibt:**

1. **Niedrige Gebühren bei Transaktionen**
2. **Geschwindigkeit der Transaktionen**
3. **Dezentralisierung**
4. **Sicherheit**

Mining und Proof of Work

Mining ist der Prozess der Generierung neuer Bitcoins. Dieser Prozess erfolgt durch Software, die (vereinfacht dargestellt) mathematische Probleme im Zusammenhang mit der BTC-Blockchain löst und zur Sicherheit des Netzwerks beiträgt. Das Mining verbraucht viel Strom und benötigt einen extrem leistungsstarken Prozessor im Computer; daher ist das Mining vom heimischen PC aus heute praktisch unmöglich. Es werden spezielle Computer benötigt. **Die sogenannten Miner stellen viele Computer in großen Industriehallen zusammen, um Synergien bei der Rechenleistung zu erzielen. Diese Mining-Farmen konkurrieren um die Lösung eines bestimmten mathematischen Problems auf der BTC-Blockchain.**

Wie wir gesehen haben, werden Transaktionen bei BTC in Blöcken eingetragen. Alle zehn Minuten wird ein Block (der viele Transaktionen enthält) durch die Lösung mathematischer Probleme durch die Miner validiert und in die Blockchain eingetragen. **Das Lösen dieser mathematischen Probleme, „Proof of Work" genannt, ist das System, mit dem die Transaktionen des Netzwerks überprüft werden.** Daher ist der Arbeitsnachweis für das Funktionieren des Systems und die Gewährleistung der Sicherheit unerlässlich. **Als Gegenleistung für diese wichtige, aber zeitaufwändige Arbeit erhalten die Miner Anreize.** Konkret werden Anteile der neu geschaffenen Bitcoins an die Miner vergeben, die die mathematischen Probleme zuerst lösen (das Lösen dieser Probleme beinhaltet ein Element der Kausalität). Die Miner schließen sich heute in Pools zusammen, von denen jeder über eine enorme Rechenleistung verfügt, und wenn ein Pool einen Block gewinnt, weil er ein mathematisches Problem im Netzwerk als erster löst, werden die neu geschaffenen Bitcoins an diesen Gewinnerpool verteilt (dies geschieht alle zehn Minuten). Dies ist das Geschäft des Mining. Indem sie sich zusammenschließen, verringern die Miner den Kausalitätsfaktor für den Gewinn neuer Bitcoins (der die Einnahmen des Unternehmens darstellt) und haben daher eine konstante Rentabilität, abzüglich der hohen Kosten des Geschäfts (Kosten für Computer, Strom, Hallen, Wachpersonal und mehr).

Der Mining-Prozess erzeugt also alle zehn Minuten eine neue Menge an Bitcoins. Diese Menge halbiert sich jedoch alle vier Jahre, da es alle vier Jahre ein sogenanntes ‚Halving' gibt. Man schätzt, dass in etwa 100 Jahren der letzte Bitcoin geschürft sein wird. Um zu vermeiden, dass sich das Mining in ein paar Jahren wegen der geringen Anzahl neu geschürfter Bitcoins nicht mehr lohnt, **besteht der Anreiz für die Miner nicht nur in den neu ausgegebenen Bitcoins, sondern auch in einem Teil der Transaktionsgebühren, die alle BTC-Nutzer zahlen, wenn sie Transaktionen im Netzwerk durchführen.** Je mehr das BTC-Netzwerk genutzt wird, desto mehr Gebühren fallen an, und desto mehr verdienen die Miner. Auf diese Weise kann das Mining auch dann noch rentabel bleiben, wenn die Belohnung für die neu geschaffenen Bitcoins in vielen Jahren sehr niedrig sein wird.

Die Exchanges

Jede Währung hat einen Tauschwert gegenüber anderen Währungen. Dieser Wert wird durch den Markt, das Zusammentreffen von Angebot und Nachfrage, aber oft auch durch andere Faktoren, wie etwa staatliche Einflüsse, bestimmt.

Wie jede andere Währung hat auch BTC einen Tauschwert gegenüber anderen Währungen, wie dem Dollar, dem Euro, dem Pfund und sogar anderen Kryptowährungen. Wer legt diese Wechselkurse für BTC fest? Die Antwort lautet:

der Markt. Angebot und Nachfrage von Nutzern, die an Börsen tätig sind, bestimmen den Wechselkurs von BTC gegenüber FIAT-Währungen und anderen Kryptowährungen. In der Kryptowelt diktiert nur der Markt die Wechselkurse. Es gibt keine staatlichen Einflüsse, da z. B. die Geldpolitik der Zentralbanken keinen Einfluss auf Kryptowährungen hat.

Börsen verbinden Kauf- und Verkaufsanfragen für eine bestimmte Kryptowährung über das Orderbuch-Tool und ermöglichen den Handel mit anderen Kryptowährungen oder FIAT-Währungen. Dies alles geschieht an Börsen, die private Unternehmen sind. Sie sind das Gegenstück zu den Banken im traditionellen Finanzwesen. Die oben genannten Geschäfte finden also nicht auf der BTC-Blockchain statt. Sie finden an Börsen und auf Plattformen privater Unternehmen statt. Wir verlassen die BTC-Erfindung und begeben uns in die Welt des Finanzwesens und des um diese Erfindung herum geschaffenen Marktplatzes.

Ich möchte, dass Sie verstehen, dass das BTC-System und seine Vorteile, wie z. B. die Privatsphäre bei Zahlungen, nur dann existieren, wenn BTC für den Zweck verwendet wird, für den es geschaffen wurde: als eine freie und dezentrale Form von Geld. Wenn Sie auf einer Börse landen, um zu Spekulations- und Investitionszwecken zu operieren, entweder um BTC gegen eine andere Kryptowährung zu tauschen oder um BTC gegen Dollar zu tauschen und diese Dollar dann abzuheben, verlieren Sie jegliche Privatsphäre und sind von einem privaten Unternehmen abhängig. Aber natürlich ist dies ein notwendiger Schritt für unsere Zwecke des Investierens und Geldverdienens mit Kryptowährungen, die wir in den nächsten Kapiteln sehen werden. Wenn Sie also noch bei keiner Börse angemeldet sind, müssen Sie sich anmelden, um einige der Strategien umzusetzen, die wir besprechen werden.

Es gibt eine Vielzahl von Börsen für BTC und andere Kryptowährungen. Wie wir gesehen haben, sind alle Börsen gesetzlich verpflichtet, KYC (Know Your Customer), ein Kundenerkennungsverfahren, durchzuführen. Mit KYC geben Sie alle Ihre persönlichen Informationen an ein privates Unternehmen weiter, von dem Sie nicht wissen, was es damit anfangen kann. Daher ist es wichtig, sich gut zu informieren, bevor Sie sich bei einer Börse anmelden, und die kleineren, exotischen und/oder neu gegründeten Börsen zu meiden.

Welche ist die beste Börse?

Die Geschichte zeigt, dass es so etwas wie eine 100 % sichere Börse nicht gibt. Selbst große und sehr große Börsen können scheitern. Genauso wie die Geschichte uns gelehrt hat, dass auch große, traditionelle Banken scheitern können. Der Unterschied besteht darin, dass Börsen weniger reguliert sind als Banken, so dass das Risiko höher ist.

Will ich damit sagen, dass Sie sich nicht für eine Börse anmelden sollten? Sicherlich nicht. **Ohne die Nutzung von Börsen können Sie nicht in der Branche tätig werden.** Die Nutzung von Börsen ist etwas, das notwendig ist. Ich sage jedoch, dass man sich der Risiken bewusst sein sollte, die immer bestehen, wenn man sich auf ein Drittunternehmen verlässt, sei es im traditionellen Finanzwesen oder in der Kryptowirtschaft.

Welche Börse sollte man also auswählen? Unter den vielen Börsen, die Sie nutzen können, empfehle ich eine ganz besonders. Ich spreche von der Börse, die zunehmend zum Branchenführer wird und die größten Garantien in Bezug auf Sicherheit und Zuverlässigkeit bietet. **Wenn Sie sich über unsere Partnerlinks auf der folgenden Webseite anmelden, erhalten Sie einen Rabatt auf die Transaktionsgebühren oder einen Willkommensbonus, je nachdem, in welchem Land Sie leben. Welche Börse ich meine und weitere Informationen finden Sie unter dem folgendem Link oder indem Sie den nachstehenden QR-Code mit Ihrem Smartphone scannen: https://www.thecryptogo.com/best-exchange/.**

Denken Sie daran: Wenn Sie sich bei der empfohlenen Börse anmelden wollen, melden Sie sich über einen der Links auf der obigen Webseite an. Dies sind Crypto Go Affiliate Links. Wenn Sie sich über diese Links anmelden, **erhalten Sie einen Rabatt auf die Transaktionsgebühren oder einen Willkommensbonus, je nach dem Land, in dem Sie leben.**

Bitcoin vs. andere Kryptowährungen

Zum Abschluss dieses ersten Kapitels möchte ich noch einmal betonen, dass BTC sich stark von allen anderen Projekten in der Branche unterscheidet. Praktisch alle anderen Kryptowährungen und Blockchains werden durch die finanzielle Logik von Investitionen und Spekulationen erschaffen und angetrieben. Bei BTC ist das anders. BTC wurde für einen ganz anderen Zweck erschaffen: Es wurde erschaffen, um eine freie, globale, dezentralisierte Form von Geld zu bieten. Es gibt viele andere sehr interessante Projekte in der Branche, aber Sie müssen den klaren Unterschied zwischen BTC und allen anderen erkennen. **BTC ist das einzige Projekt in der Kryptoindustrie, das geschaffen wurde, um die Form des Geldes in der Welt zu verändern, und nicht für Spekulationszwecke. Außerdem ist BTC das einzige Projekt in der Branche, das vollständig und zu 100 % dezentralisiert ist.**

Obwohl Bitcoins einzigartig sind, gelten viele der Konzepte, die Sie in diesem Kapitel über BTC gelernt haben, auch für andere Kryptowährungen. Ich beziehe mich auf Wallets, private Schlüssel, öffentliche Schlüssel und Börsen. Und ich beziehe mich auch teilweise auf das Konzept der Blockchain. Es gibt in der Tat andere Blockchains als BTC. Jede hat einige Besonderheiten, aber die Schlüsselkonzepte, die Sie über Ledger, doppelte Ausgaben und die Unveränderlichkeit von Transaktionen gelernt haben, gelten auch für alle anderen existierenden Blockchains.

Zusammenfassung von Kapitel 1

- Bitcoin ist ein elektronisches Peer-to-Peer-Bargeldsystem, das auch eine Form von Geld ist.
- Wenn über den Wert von Bitcoin gesprochen wird, ist damit der Dollarwert in Bezug auf Bitcoin gemeint. Ein Bitcoin bleibt immer ein Bitcoin, denn BTC ist eine Währung. Es ist eine Form von Geld, dessen Wert sich im Laufe der Zeit nicht ändert.
- Bitcoin wurde geschaffen, um eine neue Form von Geld zu sein, unabhängig und dezentralisiert, und nicht um ein Spekulationsinstrument zu sein.
- Bitcoin ist eine Form von Geld und ein Zahlungssystem, eine Methode zum Austausch von Geld.
- BTC steht für die Evolution des Geldes in einer fortschreitenden Gesellschaft.
- Satoshi Nakamoto ist das Pseudonym des/der Erfinder(s) von Bitcoin. Eine Person (oder eine Gruppe von Personen), die anonym blieb, nie identifiziert wurde und sich vor vielen Jahren buchstäblich in Luft auflöste. Satoshi Nakamoto erfand das Bitcoin-Technologiesystem, gab es frei in die Welt und verschwand von der Bildfläche.
- Es gibt kein Unternehmen, keinen Eigentümer, kein Patent und keine Marke hinter dem BTC-System. Niemand kann die Bitcoin-Technologie für sich beanspruchen.
- Die acht Merkmale von BTC sind:
  1. Freie und quelloffene Software (FOSS)
  2. Selten
  3. Langlebig
  4. Leicht zu übertragen
  5. Teilbar
  6. Fungibel
  7. Unveränderlich
  8. Dezentralisiert und unzensiert

- Eine BTC-Wallet ist ein notwendiges Instrument zur Aufbewahrung von Bitcoins. Es gibt verschiedene Arten von Wallets: Desktop, Mobile, Web oder Hardware.

- Einige Wallets können nicht nur Bitcoins, sondern auch andere Kryptowährungen enthalten.

- Um Bitcoins auf Ihrem Wallet zu erhalten, müssen Sie der anderen Partei Ihre alphanumerische Adresse geben, die mit Ihrem Wallet verbunden ist. Diese Adresse kann auch mit einem QR-Code verbunden sein.

- Sie verlieren Ihre Privatsphäre, wenn Sie Ihre Bitcoins oder andere Kryptowährungen von Ihrer Wallet zu einer Kryptowährungsbörse übertragen. Alle Börsen müssen laut Gesetz KYC (Know Your Customer) durchführen.

- Bitcoin ist ungeeignet für Kriminelle!

- Wenn Sie eine BTC-Wallet erstellen, werden zwei Schlüssel generiert: ein öffentlicher Schlüssel und ein privater Schlüssel. Der öffentliche Schlüssel wird verwendet, um die Adresse Ihrer Wallet zu generieren. Sie können diese Adresse an jeden weitergeben. Das Einzige, was eine andere Person mit Ihrer Adresse tun kann, ist zu sehen, wie viele Bitcoins darauf gespeichert sind oder Ihnen Bitcoins zu senden.

- Der private Schlüssel repräsentiert das Eigentum an BTC. Der private Schlüssel ist die sogenannte ‚Seed Phrase', die nichts anderes als eine Reihe von Wörtern ist. Sie können Ihre Bitcoins auf jeder Wallet überall auf der Welt abrufen, indem Sie die Wallet einfach mit dem Eintrag Ihrer Seed-Phrase konfigurieren.

- Sie müssen die Seed-Phrase nicht unbedingt jedes Mal eingeben, wenn Sie Ihre Bitcoins ausgeben wollen, denn die besten Wallets ermöglichen es Ihnen, ein kürzeres Passwort für Ihre täglichen Operationen zu erstellen, wodurch Sie schneller agieren können.

- Die BTC-Blockchain ist eine dezentrale Software, die die Aufzeichnung aller im BTC-Netzwerk stattfindenden Transaktionen ermöglicht.

- Die Blockchain-Technologie ist die Lösung für das Problem der doppelten Ausgaben für digitale Währungen, weil sie die Funktion einer öffentlichen und unveränderlichen Aufzeichnung aller jemals getätigten Transaktionen hat.

- In der Kryptobranche gibt es mehrere Blockchains. Bei der Bewertung einer Blockchain ist zu beachten, dass es in der Regel einen Kompromiss zwischen niedrigen Gebühren, Transaktionsgeschwindigkeit, Dezentralisierung und Sicherheit gibt.

- Mining ist der Prozess der Generierung neuer Bitcoins. Dieser Prozess findet durch Software statt, die mathematische Probleme im Zusammenhang mit der BTC-Blockchain löst und zur Sicherheit des Netzwerks beiträgt.

- Miner stellen viele Computer in großen Industriehallen zusammen, um Synergieeffekte bei der Rechenleistung zu erzielen. Diese Mining-Farmen konkurrieren miteinander, um ein bestimmtes mathematisches Problem auf der BTC-Blockchain zu lösen.

- Der Prozess der Lösung dieser mathematischen Probleme, der sogenannte Proof of Work, ist das System zur Überprüfung von Netztransaktionen.

- Als Gegenleistung für diese wichtige, aber zeitaufwändige Arbeit erhalten die Miner Anreize: neu geschürfte Bitcoins und einen Teil der von den Nutzern gezahlten Transaktionsgebühren.

- Der Mining-Prozess erzeugt alle zehn Minuten eine neue Menge an Bitcoins. Diese Menge wird alle vier Jahre halbiert.

- Wie jede andere Währung hat auch BTC einen Tauschwert gegenüber anderen Währungen, wie dem Dollar, dem Euro, dem Pfund und sogar anderen Kryptowährungen. Der Markt (Angebot und Nachfrage) bestimmt die Wechselkurse von BTC.

- Die Börsen verbinden Kauf- und Verkaufsanfragen für eine bestimmte Kryptowährung über das Orderbuch-Tool und ermöglichen den Handel mit anderen Kryptowährungen oder FIAT-Währungen.

- BTC unterscheidet sich deutlich von allen anderen Projekten in der Branche. BTC ist das einzige Industrieprojekt, das geschaffen wurde, um die Form des weltweit verwendeten Geldes zu verändern, nicht für Spekulationszwecke. Darüber hinaus ist BTC das einzige Industrieprojekt, das zu 100 % dezentralisiert ist.

- Obwohl Bitcoins einzigartig sind, gelten viele der Konzepte, die Sie in diesem Kapitel über BTC gelernt haben, auch für andere Kryptowährungen. Ich beziehe mich auf Wallets, private Schlüssel, öffentliche Schlüssel und Börsen. Und ich beziehe mich zum Teil auch auf das Konzept der Blockchain.

Kapitel 2: Ethereum

Möchten Sie uns unterstützen? Wenn Ihnen das Buch gefällt, hinterlassen Sie bitte eine Rezension auf Amazon, indem Sie den folgenden QR-Code mit Ihrem Smartphone scannen. Für Sie ist es eine Sache von Sekunden, aber für uns ist es von unschätzbarem Wert. Vielen Dank im Voraus!

Wenn Ihnen etwas nicht gefällt, lassen Sie es uns wissen und senden Sie bitte eine E-Mail an info@thecryptogo.com. Wir werden Ihr Feedback nutzen, um das Buch zu verbessern. **In diesem Kapitel verlassen wir die Bitcoin-Welt und betreten das Universum der Altcoins. Altcoins umfassen alle Kryptowährungen in der Kryptoindustrie, die eine Alternative zu Bitcoin bilden, mit Ausnahme von NFTs,** die eine Welt für sich darstellen. Oft werden die Wörter Krypto und Kryptowährung als Synonyme für Altcoins verwendet. Das wichtigste Projekt in der Welt der Altcoins ist sicherlich Ethereum, das wir in diesem Kapitel analysieren.

Was ist Ethereum?

Ethereum (ETH) ist nach Marktkapitalisierung der zweitgrößte Vermögenswert in der Kryptoindustrie (hinter Bitcoin) und der wichtigste Vermögenswert für die Nutzung von Smart Contracts (SCs). Ethereum ist ein Projekt, das nach Bitcoin erschaffen wurde und von dem brillanten Vitalik Buterin und anderen bekannten Persönlichkeiten der Branche entwickelt wurde. Die Entwickler waren der Meinung, dass die Nutzung der Blockchain-Technologie ‚nur' zur Schaffung einer neuen Form von Geld, dem Bitcoin, nicht ausreicht. Sie waren überzeugt, dass die Blockchain-Technologie für so viel mehr genutzt werden kann. **Deshalb erschufen sie die Ethereum-Blockchain mit dem dazugehörigen Ether-Token.**

Viele der Aussagen, die wir für Bitcoin vorgestellt haben, gelten auch für Ethereum. Ich spreche von Wallets, öffentlichen Schlüsseln, privaten Schlüsseln, Adressen und Blockchains, die, obwohl es sich um zwei verschiedene Technologien handelt, viele Berührungspunkte in Bezug auf ihre Funktionsweise haben. Der wichtigste konzeptionelle Unterschied zwischen BTC und ETH ist, dass ETH viel dynamischer ist und sich im Laufe der Zeit schneller weiterentwickelt als BTC. Denken Sie an die Änderung des Konsensmechanismus im Jahr 2022, als die Ethereum-Blockchain von ‚Proof of Work' zu ‚Proof of Stake' überging, was eine Menge Strom spart.

Ethereum ist das branchenführende Protokoll für die Verwendung von intelligenten Verträgen, die man sich als Anwendungen vorstellen kann, die auf der Ethereum-Blockchain aufgebaut sind und es Ihnen ermöglichen, Werte auf intelligente Weise zu bewegen. Viele Projekte basieren auf Ethereum-Smart Contracts. **Die meisten Projekte und Token der Branche sind auf ETH aufgebaut und basieren daher auf ETH-Smart Contracts.**

Das Ethereum-Projekt wird von der Ethereum Foundation verwaltet, einer Gemeinschaft, die die Entwicklung des Projekts vorantreibt. Es ist falsch zu behaupten, dass diese Gemeinschaft das Ethereum-Projekt kontrolliert, da es ein gutes Maß an Dezentralisierung beibehält. Sogar Vitalik Buterin, der im Ethereum-Ökosystem nach wie vor sehr einflussreich ist, hat sich aus der Stiftung zurückgezogen, damit seine Figur nicht zu viel Zentralisierung in das Projekt bringen würde. **Die Dezentralisierung von Ethereum ist jedoch nicht die maximal mögliche, diese besitzt nur Bitcoin.** Denken Sie daran, dass in der Kryptobranche das Konzept der Dezentralisierung nicht mit ja oder nein bewertet wird, sondern eher in Form einer Notensskala. Nur Bitcoin hat die maximale Dezentralisierung, während Sie die minimale Dezentralisierung in vielen Shitcoins finden können, die wir im nächsten Kapitel diskutieren werden.

Smart Contracts und Gasentgelte

Um eine Transaktion auf einer Blockchain durchzuführen, muss eine Gebühr entrichtet werden. **Auf der Ethereum-Blockchain wird diese Gebühr in Ether gezahlt, die somit die Kryptowährung ist, mit der die Gebühren für Transaktionen gezahlt werden, die in jedem auf Ethereum-Smart Contracts aufbauenden Projekt anfallen.**

Smart Contracts sind Codestücke, die es im Rahmen der Regeln und Grenzen der ETH-Blockchain ermöglichen, Werte, insbesondere finanzielle Werte, auf intelligente Weise zu bewegen. Schauen wir uns ein Beispiel an. Auf der BTC-Blockchain können Sie einer anderen Person einen bestimmten Betrag an Bitcoins schicken, indem Sie die Transaktion durchführen. Auf Ethereum können Sie einer anderen Person an einem bestimmten Tag in der Zukunft einen bestimmten Betrag an Ether schicken, und zwar nur, wenn ein bestimmtes Ereignis eintritt. Dies ist ein Beispiel dafür, was Smart Contracts tun können: die Bewegung von Geld und Wert planen. **Dies geschieht ohne einen Schiedsrichter, ohne eine zentralisierte Instanz, die die Erlaubnis erteilt: Smart Contracts setzen die programmierten Regeln auf erlaubnisfreie Weise um, indem sie die ETH-Blockchain nutzen. Die Regeln, die durch Smart Contracts programmiert werden können, sind unendlich in Menge**

und Komplexität. Die einzige Grenze ist die Kreativität der Entwickler, insbesondere der Entwickler von Solidity, der Programmiersprache, auf der die Smart Contracts der ETH basieren. **ETH zieht die besten Programmierer der Welt an, und es ist ein Projekt, das den Grundstein für die Entwicklung der dezentralen Finanzwirtschaft (DeFi) gelegt hat,** die wir gleich besprechen werden.

Die meisten Anwendungen, die diese auf Smart Contracts basierenden Regeln ermöglichen, sogenannte dezentrale Anwendungen (DApps), sind quelloffen, erlaubnisfrei und kostenlos. Der Betrieb auf einer genehmigungsfreien Plattform bedeutet, dass Sie für die Validierung Ihrer Transaktionen nicht die Genehmigung einer kontrollierenden Einheit oder eines Unternehmens, wie z. B. einer Bank, benötigen. Deshalb besteht die Grundidee hinter ETH darin, eine Finanzinfrastruktur zu schaffen, eine Reihe von erlaubnisfreien Anwendungen, die es Ihnen ermöglichen, zu investieren, zu finanzieren, Werte auszutauschen und Kredite zu erhalten, ohne dass ein privates Unternehmen dahintersteht, das eine Erlaubnis erteilt. **Die Idee war, ein dezentrales, erlaubnisfreies Finanzsystem zu schaffen, in dem jeder finanzielle Transaktionen auf DApps durchführen kann, die auf Smart Contracts basieren, die dank der ETH-Blockchain funktionieren, ohne jemanden um Erlaubnis zu fragen**.

In der Welt von DeFi wird jedoch oft das Konzept der Erlaubnisfreiheit mit dem Konzept der Dezentralisierung verwechselt. Die Anwendungen, die auf der ETH-Blockchain laufen, werden zwar als dezentralisierte Anwendungen bezeichnet, sind aber nicht vollständig dezentralisiert, wie wir in den nächsten Abschnitten sehen werden. Sie sind ‚nur' erlaubnisfrei. Leider werden diese beiden Konzepte in der Branche fast immer als gleichwertig betrachtet, obwohl sie eigentlich unterschiedlich sind. Denken Sie daran, dass es eine vollständige Dezentralisierung nur bei Bitcoin gibt.

ERC20 Token

ERC20-Token sind digitale Vermögenswerte, die nicht auf ihren eigenen Blockchains, sondern auf der ETH-Blockchain erstellt werden. Daher verwenden diese Token immer die ETH-Adresse und funktionieren dank der ETH-Smart Contracts. Sie sind jedoch andere Vermögenswerte als die Basisschicht, also Ether. Jeder kann einen ERC20-Token erstellen, der mit seinem Projekt verbunden ist, wenn dieses Projekt auf der ETH-Blockchain und Smart Contracts basiert. Vereinfacht gesagt ist ERC20 eine Standardmethode zur Erstellung dieser Token im ETH-Netzwerk. Heutzutage ist es einfach, einen ERC20-Token zu erstellen, so einfach, dass es in der Vergangenheit, insbesondere im Jahr 2017, eine Invasion von ERC20-Token gab. Die Invasion von ERC20-Token hat zu einer Menge Verwirrung geführt. Wahrscheinlich ist Ihnen der Unterschied zwischen Kryptowährungen und Token nicht ganz klar. Der Unterschied ist gewaltig:

- **Eine Kryptowährung ist ein digitaler Vermögenswert mit einer eigenen Blockchain. Bitcoin und Ether sind Beispiele für Kryptowährungen. Kryptowährungen werden auch als Layer 1 oder Coins bezeichnet.**

- **Ein Token ist ein digitaler Vermögenswert, der auf einer anderen Blockchain aufbaut, wie z. B. alle ERC20-Token, die auf der Ethereum-Blockchain und Smart Contracts aufbauen. Token werden auch als Layer 2 bezeichnet.**

Im allgemeinen Sprachgebrauch bezieht sich der Begriff ‚Kryptowährung' oder ‚Krypto' auf alle Arten von Industriewerten, ob Token oder Coins. Aber jetzt, wo Sie die Unterschiede zwischen den verschiedenen Vermögenswerten zu verstehen beginnen, sollten Sie die richtige Terminologie verwenden. Wie Sie sich denken können, sind ein Token und eine Kryptowährung keineswegs dasselbe. Eine Kryptowährung mit Klassifizierung Layer 1, die über eine eigene Blockchain verfügt, ist viel schwieriger zu erstellen und zu verbreiten als ein einfacher Layer 2-Token, der das bereits vorhandene Potenzial einer anderen Blockchain nutzt. **Ein Token ist ein digitaler Vermögenswert mit einem Nutzen in einem bestimmten Kontext (einer DApp), während eine Kryptowährung innerhalb ihrer eigenen Blockchain verwendet wird und die Schaffung vieler Kontexte (vieler DApps) ermöglicht.**

Außerdem sind nur Kryptowährungen Gas. Damit Smart Contracts auf einer Blockchain funktionieren, müssen für jede Transaktion gewisse Gasgebühren bezahlt werden. Dieses Gas wird in der Kryptowährung bezahlt, die innerhalb des Protokolls verwendet wird. **Aus diesem Grund müssen Sie für jede Transaktion, die Sie auf DApps auf Ethereum-Basis durchführen, Ether bezahlen.** Ether ist die Gasgebühr des Ethereum-Protokolls, was bedeutet, dass Sie einige Gebühren in Ether zahlen müssen, um auf allen DApps, die auf der ETH-Blockchain basieren, zu arbeiten. Es gibt noch andere Blockchains und Protokolle als Ethereum, aber das Prinzip bleibt gültig. Wenn Sie eine DApp verwenden, die auf einer Blockchain aufbaut, müssen Sie die Gasgebühr mit der entsprechenden Kryptowährung bezahlen, die mit dieser Blockchain verbunden ist, um eine Transaktion durchzuführen. Ein Token ist niemals eine Gasgebühr, weil es einfach ein Vermögenswert ist, der mit einem Projekt verbunden ist, das sich auf einer anderen Blockchain befindet (z. B. ein Vermögenswert, der mit einer bestimmten DApp verbunden ist). Der Nutzen (und Wert) von Ether wird immer größer sein als ein ERC20-Token, der auf der ETH-Blockchain aufbaut.

Zusammenfassung von Kapitel 2

- Der Begriff Altcoins bezieht sich auf alles, was in der Kryptoindustrie eine Alternative zu Bitcoin darstellt.
- Ethereum (ETH) ist nach Marktkapitalisierung der zweitgrößte Vermögenswert in der Branche (hinter Bitcoin) und der führende Vermögenswert bei der Nutzung von Smart Contracts (SCs).
- Viele Konzepte, die für Bitcoin gelten, treffen auch auf Ethereum zu. Dies gilt für die Konzepte von Wallets, öffentlichen und privaten Schlüsseln, Adressen und (teilweise) Blockchains.

- Die meisten Projekte und Token der Kryptoindustrie basieren auf ETH und sind daher auf ETH-Smart Contracts angewiesen.

- Das Ethereum-Projekt wird von der Ethereum Foundation verwaltet, einer Gemeinschaft, die die Entwicklung des Projekts vorantreibt. Die Dezentralisierung von Ethereum ist gut, aber es ist nicht die maximal mögliche Dezentralisierung, die nur Bitcoin aufweisen kann.

- Smart Contracts sind Codestücke, die innerhalb der Regeln und Beschränkungen der ETH-Blockchain ermöglichen, dass Werte, insbesondere finanzielle Werte, intelligent bewegt werden können. Dies geschieht ohne einen Schiedsrichter, ohne eine zentralisierte, erlaubniserteilende Instanz: Die Smart Contracts setzen die programmierten Regeln auf erlaubnisfreie Weise um und nutzen dabei die ETH-Blockchain.

- ETH zieht die besten Programmierer der Welt an und ist ein Projekt, das den Grundstein für die Entwicklung der dezentralen Finanzwirtschaft (DeFi) gelegt hat.

- Viele Anwendungen, die die Umsetzung dieser auf intelligenten Verträgen basierenden Regeln ermöglichen, so genannte dezentrale Anwendungen (DApps), sind quelloffen, erlaubnisfrei und kostenlos.

- Die Idee hinter ETH war es, eine Finanzinfrastruktur zu schaffen, eine Reihe von erlaubnisfreien Anwendungen, die es den Menschen ermöglichen, zu investieren, zu finanzieren, Werte auszutauschen und Kredite zu erhalten, ohne dass ein privates Unternehmen dahinter eine Erlaubnis erteilt.

- In der Welt der DeFi wird das Konzept der Genehmigungsfreiheit oft mit dem der Dezentralisierung verwechselt.

- Eine Layer-1-Kryptowährung ist ein digitaler Vermögenswert, der über eine eigene Blockchain verfügt. Bitcoin und Ether sind Beispiele für Layer-1-Kryptowährungen. Ein Layer-2-Token ist ein digitaler Vermögenswert, der auf einer anderen Blockchain aufgebaut ist, wie z. B. alle ERC20-Token, die auf der Ethereum-Blockchain und Smart Contracts aufgebaut sind.

- Ein Token ist ein digitaler Vermögenswert, der in einem bestimmten Kontext (einer DApp) von Nutzen ist, während eine Kryptowährung innerhalb ihrer eigenen Blockchain verwendet wird und die Erstellung vieler verschiedener Kontexte (vieler DApps) ermöglicht.

- Nur Kryptowährungen sind Gas. Zum Beispiel wird die Kryptowährung Ether als Gasgebühr für alle DApps verwendet, die auf der Ethereum-Blockchain basieren.

Kapitel 3: Klassifizierung von Altcoins

Jetzt sollten Sie den Unterschied zwischen Layer 1-Kryptowährungen (auch als Coins bekannt) und Layer 2-Token kennen. Außerdem bekommen Sie wahrscheinlich langsam ein Gefühl dafür, dass es im großen Kessel der Kryptoindustrie Vermögenswerte gibt, die für einen Laien zwar ähnlich erscheinen, aber in Wirklichkeit sehr unterschiedlich sind. Sie haben zum Beispiel gelernt, dass BTC sich völlig von ETH unterscheidet, das sich wiederum völlig von den ERC20-Token unterscheidet, die auf der ETH-Blockchain basieren.

In diesem Kapitel klassifizieren wir die Arten von Vermögenswerten in der Branche. Das Ziel ist es, Ihnen klarzumachen, dass alle Kryptoprojekte innerhalb ihrer eigenen Kategorien verglichen werden sollten. Es ist falsch, BTC mit ETH zu vergleichen, genauso wie es falsch ist, ETH mit einem Memecoin zu vergleichen. Es sind völlig unterschiedliche Vermögenswerte.

Stablecoins

Ein Stablecoin ist eine Art von digitalem Vermögenswert, der in der Branche sehr verbreitet ist. **Stablecoins sind Token, deren Wert an eine FIAT-Währung wie den Dollar, Euro oder andere gekoppelt ist.** Sie wurden erschaffen, weil viele CEX ihren Hauptsitz nicht in den USA haben, so dass die Verwendung einer synthetischen Version des Dollars den Dollarumtausch an diesen CEX ohne die Vermittlung einer US-Bank ermöglicht. **Darüber hinaus können Stablecoins in Smart Contracts verwendet werden und so in die Geldprogrammierbarkeit von DApps einfließen, die sie in hohem Maße nutzen.** Mit echten Dollars ist dies nicht möglich. Stablecoins sind beliebt, weil sie bequeme Vermögenswerte sind, so sehr, dass sie sich auch als Zahlungsmittel in der Branche durchsetzen.

Die beiden bekanntesten Stablecoins, die an den Dollar gekoppelt sind, sind USDT und USDC; Sie haben wahrscheinlich schon von ihnen gehört. Diese beiden Stablecoins können auf verschiedenen Blockchains verwendet werden, darunter auch ETH.

Stablecoins werden in zwei Typen unterteilt:

- **Zentralisiert:** Dies sind Stablecoins, die von privaten Unternehmen verwaltet werden, die einen FIAT-Dollar (oder Euro, Pfund usw.) in Form von Bargeld oder Finanzanlagen für jeden geschaffenen synthetischen Dollar besitzen (oder zu besitzen behaupten). USDT und USDC sind zentralisierte Stablecoins.

- **Algorithmisch:** Diese Stablecoins halten ihre Bindung an den Dollar oder eine andere FIAT-Währung dank komplexer algorithmischer Regeln in Verbindung mit Smart Contracts aufrecht. Derzeit sind diese Stablecoins risikoreicher als die bekanntesten zentralisierten Stablecoins, USDT und USDC.

Memecoins und Shitcoins

Memecoins sind als Scherz geschaffene Token, die auf den Märkten an Wert gewinnen, weil die Menschen sie ohne jeden Grund kaufen. Memecoins dienen absolut keinem Zweck. Hinter ihnen stehen oft Marketing-Agenturen und BOTs, die sie online anpreisen und einige Nutzer dazu bringen, sie zu kaufen. Irgendwann endet die Modeerscheinung, einen bestimmten Memecoin zu kaufen, und sein Preis sinkt drastisch, oft bis auf null. Zwei Beispiele für berühmte Memecoins sind Dogecoin und Shiba Inu.

Aus diesen wenigen Zeilen können Sie, denke ich, herauslesen, dass Memecoins wie Zufallswetten sind, sicherlich keine Investitionen. Es kann vorkommen, dass jemand mit Memecoins Geld verdienen kann, wenn er sie zur richtigen Zeit kauft und zur richtigen Zeit verkauft, aber das hat die gleiche Chance wie im Lotto zu gewinnwn. **Memecoins haben keinen wirklichen Wert, und sie sind sicherlich keine gute Investition. Für mich sind sie nicht einmal ein guter Spekulationseinsatz.**

Der Begriff ‚Shitcoins' bezieht sich auf Vermögenswerte, die nichts Neues oder Besseres in der Kryptoindustrie beitragen. Mit anderen Worten, es ist ein Begriff, der sich auf schäbige oder betrügerische Projekte bezieht. Obwohl alle Memecoins Shitcoins sind, sind nicht alle Shitcoins Memecoins, denn es gibt viele schäbige oder betrügerische Projekte, die zwar existieren, aber nicht auf Meme-Token basieren.

Token tauschen

Börsen Tokens werden erstellt und mit einer Börse verknüpft, und sie haben einen Zweck und einen Wert innerhalb des Ökosystems der Börse. So können Sie beispielsweise Anspruch auf bestimmte Anreize wie Rabatte oder Rückerstattungen haben, wenn Sie eine bestimmte Menge dieses Tokens auf Ihrem Konto bei der Börse besitzen.

Ethereum-Killer

Ein Synonym für die Bezeichnung von anderen Layer-1-Coin als ETH ist ‚Ethereum Killer'. Dabei handelt es sich um Projekte, die auf einer eigenen Blockchain und damit auch auf Smart Contracts basieren, aber Alternativen zu Ethereum darstellen. Es handelt sich um Protokolle, die in Anlehnung an Ethereum dachten, sie könnten etwas verbessern und/oder anders machen als die Ethereum-Blockchain. Zum Beispiel schnellere Transaktionen, niedrigere Gebühren, DApps mit anderen Funktionalitäten, etc. **Es handelt sich um Projekte mit ihren Blockchains und Kryptowährungen (nicht Token), die in allen DApps, die auf ihren**

Protokollen aufbauen, als Gasgebühren verwendet werden. Ähnlich wie bei Ethereum kann jede Layer-1-Blockchain für die Entwicklung verschiedener Projekte verwendet werden, die oft ihre Layer-2-Token besitzen und auf ihren spezifischen Smart Contracts basieren. Beispiele für Ethereum Killer Projekte sind Solana, Avalanche, Polkadot und viele andere.

Wrapped Token

Das bekannteste Beispiel für einen Wrapped Token ist WBTC oder BTC auf Ethereum. Aber wie ist das möglich? **Wrapped Token sind Vermögenswerte, die auf andere Blockchains verschoben werden als die, zu denen sie gehören.** Dies geschieht jedoch künstlich, da ein bestimmter Coin oder Token nur in seiner eigenen Ursprungs-Blockchain existieren kann. **Heutzutage gibt es jedoch Dienste wie Bridges, bei denen, wenn Sie beispielsweise BTC nach Ethereum bringen wollen, eine Gegenpartei Ihre Bitcoins entgegennimmt und aufbewahrt und im Gegenzug auf Ethereum basierende Token (WBTC) ausgibt, die durch Smart Contracts an den BTC-Preis gekoppelt sind.** Sie können also einen Token verwenden, der den Preis von BTC auf Ethereum-Smart Contracts abbildet. Aber Vorsicht: Die Verwendung von Wrapped Token wie WBTC bedeutet, dass Sie Ihre Bitcoins nicht mehr besitzen. Sie verfügen lediglich über Token, die von einer Gegenpartei ausgegeben werden, der Sie Ihre Bitcoins anvertraut haben. Und das ist nicht das Beste für die Sicherheit. Im nächsten Kapitel werden wir ausführlicher auf Bridges und Wrapped Token eingehen.

Zusammenfassung von Kapitel 3

In diesem Kapitel haben wir die Grundlagen geschaffen, damit Sie fundiert in die Kryptobranche investieren können.

Bewusstes Investieren bedeutet zunächst einmal, die verschiedenen Kategorien von Vermögenswerten in der Branche zu verstehen. Es ist nur dann sinnvoll, Vermögenswerte miteinander zu vergleichen, wenn sie zur selben Kategorie gehören.

Es macht keinen Sinn, BTC mit einem ERC20-Token zu vergleichen, so wie es auch keinen Sinn macht, Ether mit einem Memecoin zu vergleichen.

Nachfolgend finden Sie eine Übersicht über alle möglichen Kategorien für einen Vermögenswert in der Kryptoindustrie:

1. **Bitcoin.** Ich betrachte Bitcoin als eine eigene Kategorie, weil es die erste (und einzige) Kryptowährung ist, die nicht zu reinen Spekulationszwecken geboren wurde, sondern die neue globale, freie und 100 % dezentralisierte Form des Geldes werden soll.
2. **Ethereum.** Ich denke, Ethereum sollte auch in einer eigenen Kategorie sein. Im Moment ist es die führende Blockchain, und zwar mit großem Abstand,

was die Verwendung von Smart Contracts und die Entwicklung von DApps durch DeFi angeht.

3. **Andere Kryptowährungen werden als Geldform verwendet.** Andere Projekte, andere Kryptowährungen, basieren auf ihrer eigenen Blockchain und verwenden keine Smart Contracts. Ähnlich wie BTC werden diese Kryptowährungen also nur theoretisch als neue Form von Geld verwendet. Beispiele für Coins dieser Kategorie sind Ripple, das zum Geld der Banken werden soll, und Litecoin, das zum Silber der Kryptoindustrie werden soll, da BTC oft als das Gold der Branche angesehen wird. Ihre Verbreitungs- und Wachstumsaussichten sind so weit von denen von BTC entfernt, dass es keinen Sinn macht, sie in dieselbe Kategorie wie BTC zu stecken.

4. **Coins, Layer-1-Kryptowährungen, Ethereum-Killer.** Eine Layer-1-Kryptowährung oder Coin ist ein Vermögenswert, der auf seiner eigenen Blockchain und Smart Contracts basiert. Sie wird als Gasgebühr in allen DApps verwendet, die auf ihrer Blockchain entstehen. Alle Coins, die Smart Contracts verwenden und mit alternativen Blockchains zu ETH verbunden sind, werden auch als Ethereum-Killer bezeichnet. Beispiele hierfür sind Solana, Avalanche, Polkadot und viele andere.

5. **Layer-2-Token.** Token des Layer 2 sind digitale Vermögenswerte, die mit bestimmten Projekten und/oder DApps verbunden sind, die auf der Hauptblockchain des Protokolls (Layer 1) aufbauen. ERC20-Token zum Beispiel sind Token, die auf der ETH-Blockchain und den Smart Contracts aufgebaut sind.

6. **Stablecoins.** Stablecoins sind Token, deren Wert an eine FIAT-Währung wie den Dollar, Euro oder andere gekoppelt ist. Stablecoins können in Smart Contracts und auf vielen verschiedenen Blockchains, einschließlich ETH, verwendet werden. Stablecoins können zentralisiert oder algorithmisch sein.

7. **Börsen Token.** Dies sind von einer Börse geschaffene Token, die einen Zweck und einen Wert innerhalb des Börsen-Ökosystems haben.

8. **Memecoins und Shitcoins.** Memecoins sind als Scherz geschaffene Token, die auf den Märkten an Wert gewinnen, weil die Menschen sie zum Spaß kaufen. Der Begriff ‚Shitcoin' wird für minderwertige oder betrügerische Projekte verwendet.

9. **Wrapped Token.** Wrapped Token sind Token oder Coins, die auf andere Blockchains als die, zu der sie gehören, verschoben werden, und zwar durch ein System, bei dem Sie den Vermögenswert an eine Gegenpartei abgeben, die im Gegenzug einen Token ausgibt, der dank Smart Contracts auf der Landing Blockchain einen an den Ausgangswert gekoppelten Marktwert annimmt.

Kapitel 4: Dezentrale Finanzwirtschaft (DeFi)

Was ist DeFi?

Die dezentrale Finanzwirtschaft (DeFi) ist das Ökosystem finanzieller, erlaubnisfreier und dezentraler Anwendungen (DApps), die mit Hilfe von Blockchain-Technologie und intelligenten Verträgen funktionieren. DApps können zu verschiedenen Blockchains gehören, wie Ethereum, Solana, Avalanche, Polkadot und vielen anderen.

Diese DApps verwenden Smart Contracts, um den Nutzern Finanztransaktionen zu ermöglichen, z. B. Trading, Investitionen, Hebelgeschäfte, Kredite, Einlagen, Verzinsung ihrer Ersparnisse und mehr. **Die Idee besteht darin, ein Finanzsystem ohne Genehmigungen zu schaffen,** ohne dass es Schiedsrichter gibt, die verschiedene Transaktionen genehmigen, wie z. B. private, zentralisierte Unternehmen oder Einrichtungen. Wie wir gesehen haben, ist dies dank der Blockchain-Technologie und Smart Contracts möglich.

DeFi vs. CeFi

In diesem Abschnitt finden Sie die Unterschiede zwischen DeFi und CeFi (Centralized Finance/zentralisierte Finanzwirtschaft), dem klassischen Finanzsystem, an das wir gewöhnt sind. Die Hauptunterschiede zwischen diesen beiden Systemen sind:

1. **Geschlossenes System vs. offenes System.** DeFi ist ein offenes System. Der Code von DApps ist fast immer Open Source, so dass jeder mit den richtigen Programmierkenntnissen mit bestehenden DApps interagieren und/oder neue DApps erstellen kann, indem er von dem ausgeht, was bereits existiert, also öffentlich ist. Ein offenes System ist viel lebendiger und dynamischer als ein geschlossenes System, wie das traditionelle Finanzwesen, und zieht die besten Köpfe und Programmierer der Welt an.

2. **Viele Mittelsmänner im Vergleich zu keinen Mittelsmännern.** Bei DeFi gibt es keine Vermittler, die Verzögerungen verursachen und Gebühren auf dem Rücken der Nutzer verdienen. Bei CeFi gibt es für jede Finanztransaktion Banken, Kartenunternehmen und viele andere Vermittler. In DeFi hingegen interagieren die Nutzer direkt miteinander, ohne Zwischenhändler, auf automatisierte Weise dank Smart Contracts und zahlen nur Gasgebühren.

3. **Zentralisiert und von einigen wenigen beherrscht versus dezentralisiert und von den Nutzern beherrscht.** Das traditionelle Finanzwesen wird von Banken, Zentralbanken und Regierungen verwaltet und kontrolliert. DeFi hingegen wird nur von den Nutzern verwaltet, da es dezentralisiert und genehmigungsfrei ist.

4. **Langsam und veränderungsresistent gegenüber schnell und intelligent.** Da es sich um ein geschlossenes System handelt, ist das traditionelle Finanzwesen langsam und widerstandsfähig gegenüber Veränderungen, während sich DeFi als offenes System ständig weiterentwickelt.

5. **Zensierbar und für einige wenige versus unzensierbar und für alle.** CeFi lässt sich leicht von Finanzintermediären und Regierungen regulieren. DeFi hingegen blickt niemandem ins Gesicht, so dass es nicht möglich ist, jemanden zu regulieren. Tatsächlich braucht man nur einen PC/Telefon und eine Wallet, um mit allen DApps handeln zu können, ohne jemanden um Erlaubnis zu fragen.

Dezentrale Börsen (DEX)

Die wichtigsten Arten von DApps sind dezentrale Börsen (DEX). Wie CEX erlauben DEX den Austausch von Coins oder Token mit anderen Coins oder Token, solange sie Teil derselben Blockchain sind. Im Gegensatz zu Börsen, die, wie wir gesehen haben, zentralisiert arbeiten, **arbeiten DEX genehmigungsfrei, ohne die Möglichkeit der Zensur und ohne KYC. Sie verbinden einfach Ihre Wallet mit der DEX und können ohne jegliche Kontrolle agieren, da alles auf Smart Contracts basiert, die es Ihnen ermöglichen, Finanztransaktionen ohne eine zentrale Kontrolle durchzuführen.**

Aber wie funktionieren DEX? **DEX funktionieren über den Mechanismus der Pools.** Pools sind Paare von zwei oder mehr Vermögenswerten, die von DeFi-Nutzern gebildet werden, die diese Vermögenswerte bei einer DEX hinterlegen, um Gebühren zu verdienen. Wenn ein Nutzer Liquidität in einen Pool einzahlt, wird er zum Liquiditätsanbieter. Der Liquiditätsanbieter muss jedoch eine bestimmte Anzahl von Vermögenswerten in einem bestimmten vordefinierten Verhältnis in den Pool einzahlen. Dank dieser Nutzer, die für die Bereitstellung von Liquidität Zinsen erhalten, werden Pools von Smart Contracts für den Handel mit Kryptowährungen und Token genutzt, ohne dass ein von einem privaten Unternehmen geführtes Orderbuch erforderlich ist, wie es bei einer CEX der Fall ist.

Aber wie verfolgen DEX die Marktpreise aller Vermögenswerte? Wenn sich der Preis eines Vermögenswerts ändert, führen viele Nutzer (oft über BOTs) fast sofort eine Arbitrage mit einer CEX durch. Auf diese Weise werden die Preise sofort wieder ins Gleichgewicht gebracht. Zunächst erstellt der Ersteller eines bestimmten Tokens den Pool und fügt die erste Menge an Liquidität ein. Dann bleibt das Verhältnis der Pools durch komplexe mathematische Formeln in intelligenten

Verträgen gleich, und durch Arbitrage gleichen sich die Preise auf natürliche Weise wieder an.

Um eine Transaktion auf einer DEX durchzuführen, müssen Sie, wie Sie wissen, Gasgebühren auf eine Münze zahlen, die je nach Blockchain, auf der die DEX läuft, unterschiedlich ist. Diese Gebühren können je nach Blockchain, DApp, Art der Transaktion, Überlastung der Transaktionen zu einem bestimmten Zeitpunkt und anderen Faktoren hoch oder niedrig sein. Beachten Sie, dass die Gasgebühren, die Sie zahlen, geändert werden können. In dem Moment, in dem Sie eine Transaktion durchführen, wird Ihnen automatisch die durchschnittlich zu zahlende Gebühr angezeigt, aber Sie können sie so einstellen, dass Sie länger warten und weniger zahlen. Oder weniger warten und mehr bezahlen.

Wie wir gesehen haben, zahlen Sie eine Gebühr an den Liquiditätsanbieter, wenn Sie einen Handel mit Kryptowährungen oder Token an einer DEX tätigen. Wenn Sie einen Handel abschließen, wird Ihnen außerdem mitgeteilt, wie sich Ihre Transaktion auf den Börsenpreis auswirkt, weil Sie den Pool aus dem Gleichgewicht bringen. Eine kleine Transaktion wird einen großen Pool nie aus dem Gleichgewicht bringen, aber wenn ein Wal den Handel tätigt und/oder der Pool wenig Liquidität hat, kann es zu einem Ungleichgewicht des Pools kommen. Schließlich wird Ihnen vor der Annahme eines Handels auch die maximale Slippage mitgeteilt, d. h. wie viele Kursschwankungen Sie in Kauf nehmen können, während Sie darauf warten, dass der Handel zustande kommt. Wie die Gasgebühren ist auch die Slippage ein Parameter, den Sie vom voreingestellten Wert aus ändern können.

DEX und DApps sind nicht dezentralisiert, sie sind ‚nur' erlaubnisfrei. Die ursprüngliche Idee der DEX war es, Börsen zu schaffen, die nicht von einem privaten Unternehmen kontrolliert werden und für jeden offen sind. Stellen Sie sich das vor. Überall auf der Welt könnte jeder ohne Ausweis mit DeFi und DEX handeln, einfach mit einem PC/Telefon und einer Wallet. Es stimmt also, dass die DeFi-Welt ein völlig offenes, integratives und erlaubnisfreies System darstellt. Niemand muss Ihnen eine Erlaubnis erteilen, um Finanztransaktionen durchzuführen.

Aber was sind DEX eigentlich? Wie alle DApps sind auch DEX eine Reihe von Smart Contracts. Das sollten Sie inzwischen wissen. Für einen normalen Nutzer ohne Programmierkenntnisse ist es jedoch unmöglich, eine Reihe von Smart Contracts, eine Reihe von Codes, zu verwenden. Ein normaler Nutzer, der DEX und DApps verwendet, muss über eine einfache Schnittstelle gehen, nämlich eine Website, die als Bindeglied zwischen der Allgemeinheit und den Smart Contracts fungiert. Aus diesem Grund sind DEX und DApps immer mit einer Website und einer Domain verbunden. Sie sind eine Reihe von Smart Contracts, aber gleichzeitig sind sie für die Öffentlichkeit über eine Website und eine Domain auf einem Server zugänglich. Die Websites und Domains von DApps können leicht reguliert werden, da sie zentralisiert sind und von privaten Unternehmen kontrolliert werden. Ich möchte, dass Sie verstehen, dass bei allen DApps die Smart Contracts, aus denen die DApps auf der Blockchain bestehen, erlaubnisfrei und nicht zensierbar sind, während die verlinkten Websites und

Domains, die es auch Personen ohne Programmierkenntnisse ermöglichen, die Funktionalitäten der Smart Contracts zu nutzen, zentralisiert und zensierbar sind. Die Dezentralisierung ist also faktisch nicht oder nur teilweise vorhanden. Deshalb ist es meiner Meinung nach korrekter zu sagen, dass DEX und DApps nicht dezentralisiert, sondern erlaubnisfrei sind. Vergessen Sie nie: Das einzige 100 % dezentralisierte Projekt in der Branche ist Bitcoin.

Einige der bekanntesten DEX sind Uniswap, SushiSwap, PancakeSwap und viele andere. **Einige DEX laufen auf mehreren verschiedenen Blockchains und werden als Multi-Chain DEX bezeichnet.** Das bedeutet, dass sie DApps sind, die auf verschiedenen Protokollen entwickelt wurden. Obwohl Sie dieselben DEX verwenden, finden Sie auf jeder Blockchain unterschiedliche Token, d. h. Token, die mit der Blockchain verbunden sind, zu der sie gehören.

MetaMask und die Verwendung von DeFi-Plattformen

MetaMask ist das grundlegende Werkzeug für die Interaktion mit den meisten DeFi DApps. **MetaMask ist eine Browsererweiterung, die die Webwelt, also Ihren Browser, mit den Smart Contracts einer Blockchain kommunizieren lässt.** Obwohl MetaMask auch in einer mobilen Version verfügbar ist, empfehle ich Ihnen, es aus Bequemlichkeit und weil mobile Geräte oft anfälliger für Hackerangriffe sind, nur von einem Desktop aus zu verwenden. Sie können MetaMask kostenlos aus dem Shop auf der offiziellen Website (metamask.io - achten Sie darauf, nicht auf betrügerische Domains zu klicken) herunterladen und installieren. Dort finden Sie Anweisungen, wie Sie es je nach dem von Ihnen verwendeten Browser oder dem Betriebssystem Ihres mobilen Geräts installieren können.

MetaMask kann auch als Wallet oder besser gesagt, als nicht-verwahrende Wallet verwendet werden. Was sind Depot-Wallets und nicht-verwahrende Wallets? Custodial Wallets sind ein Synonym für CEX, an die Sie das Eigentum an Ihren Kryptowährungen delegieren. CEX sind in der Tat Depot-Wallets, weil der private Schlüssel nicht mehr Ihnen gehört, sondern der von Ihnen gewählten CEX, die dann das tatsächliche Eigentum an Ihren Vermögenswerten hat. MetaMask kann dagegen die Funktion einer nicht-verwahrenden Geldbörse übernehmen, da der Nutzer den privaten Schlüssel seiner eigenen Geldbörse besitzt und aufbewahrt und somit das tatsächliche Eigentum an seinem Vermögen hat.

Ich habe geschrieben, dass MetaMask die Funktion einer nicht-verwahrenden Wallet übernehmen ‚kann', weil sie andererseits auch nur mit einer Hardware-Wallet verknüpft werden kann, die Sie bereits besitzen. Dies ist der beste Weg, um die Sicherheit zu maximieren, etwas, das Sie bereits wissen sollten, wenn Sie das kostenlose eBook „16 Regeln zum Schutz Ihrer Kryptowährung" gelesen haben.

Nachdem Sie Ihre Hardware-Wallet mit MetaMask verbunden haben, können Sie die Funktionsfähigkeit von MetaMask nutzen, um mit DeFi zu interagieren, während Sie gleichzeitig maximale Sicherheit mit der Hardware-Wallet haben. Die MetaMask-Wallet ist in der Tat eine Online-Wallet und aus diesem Grund viel weniger sicher als eine Hardware-Wallet, die offline ist. Wenn Sie große Summen verwalten, ist eine Hardware-Wallet unerlässlich.

Bei der Installation von MetaMask startet ein Assistent, mit dem Sie Ihre öffentlichen und privaten Schlüssel erstellen (wenn Sie eine neue Wallet erstellen) oder Ihre Hardware-Wallet anschließen können. Wenn Sie eine neue Brieftasche erstellen, wird eine Adresse erstellt und mit einem Konto auf Ihrer neuen Wallet verbunden. Darüber hinaus wird im anfänglichen Assistenten auch Ihr privater Schlüssel als Seed-Phrase erstellt, den Sie, wie Sie wissen, gut gesichert aufbewahren müssen, da er das eigentliche Eigentum Ihrer Wallet mit allem, was sie enthält, darstellt.

In der anfänglichen Konfigurationsphase von MetaMask müssen Sie schließlich ein Freigabepasswort festlegen. Mit diesem Passwort können Sie schnell und reibungslos mit der DeFi arbeiten, da Sie die Operationen durch Eingabe des Passworts in die MetaMask-Schnittstelle validieren können. Dieses Passwort ist nur für den lokalen und betrieblichen Gebrauch bestimmt. Der tatsächliche Besitz Ihrer Token und Kryptowährungen auf der Blockchain ist nur mit der Seed-Phrase verbunden, die Sie sehr sorgfältig aufbewahren müssen, egal ob Sie eine Hardware oder die MetaMask-Wallet verwenden.

Bei MetaMask können Sie auch mehr als ein Konto, d. h. mehr als eine Adresse für dieselbe Geldbörse erstellen. Dies kann nützlich sein, um noch mehr Privatsphäre zu erhalten. Wenn Sie zum Beispiel viel Kapital haben, könnten Sie es vorziehen, Ihre Token auf mehrere Adressen zu verteilen, um unerwünschte Neugier von Leuten zu vermeiden, die On-Chain-Analysen durchführen (dazu kommen wir noch).

Mit MetaMask können Sie auf verschiedenen Blockchains interagieren und somit auf allen DApps, die auf diesen Blockchains aufgebaut sind. Die erste und wichtigste DeFi-Blockchain ist Ethereum, aber MetaMask kann auch auf anderen Blockchains verwendet werden, Sie müssen nur in der Schnittstelle die Blockchain auswählen, die Sie verwenden möchten, wenn Sie eine bestimmte DApp eingeben. Allerdings ist MetaMask nicht für alle Blockchains verfügbar. Um auf einigen Nischen-Blockchains zu arbeiten, müssen Sie herausfinden, welche die MetaMask dieser Blockchain ist, d. h. die führende Anwendung dieser Blockchain für die Verbindung der Web-Welt mit der Smart-Contract-Welt.

Nehmen wir ein Beispiel für die Verwendung von MetaMask. Öffnen Sie den Uniswap DEX, indem Sie auf die Uniswap-Website für Smart Contracts gehen. Wählen Sie die Ethereum-Blockchain und verbinden Sie Ihre MetaMask-Wallet mit Uniswap, indem Sie das Passwort eingeben, das Sie bei der Aktivierung der Wallet festgelegt haben. In der Wallet finden Sie Ihr Guthaben, das Sie normalerweise an einer zentralen Börse gekauft und dann an Ihre MetaMask-Wallet gesendet haben. Nun können Sie die Finanztransaktionen durchführen, die Ihnen die DEX zur Verfügung stellt. Dank des Pool-Systems können Sie zum Beispiel ETH gegen USDT tauschen. **Aber denken Sie an die Gasgebühren!** Sie müssen immer eine Reserve an Gasgebühren in Form von Kryptowährungen der von Ihnen verwendeten Blockchain in Ihrer Wallet haben, sonst können Sie keine Transaktionen durchführen. In diesem Beispiel werden Sie nicht alle Ihre Ether in USDT umwandeln können: Sie müssen zwangsläufig einen Teil davon behalten, um die Gasgebühren zu bezahlen.

Wenn Sie zum ersten Mal mit einer DeFi-Plattform interagieren, werden Sie immer über MetaMask um die Erlaubnis gebeten, dass Ihre Mittel mit den Smart Contracts der Plattform interagieren dürfen. Um zu akzeptieren, müssen Sie diese Erlaubnis unterschreiben, indem Sie Ihr MetaMask-Passwort in das automatisch erscheinende Feld eingeben. Dies ist ein heikler Moment; Sie müssen vorsichtig sein, wenn Sie eine solche Erlaubnis unterschreiben. Wenn Sie mit einer betrügerischen Plattform interagieren (z. B. mit einem Klon), könnte diese Ihr Geld stehlen. Oder wenn Sie mit einer betrügerischen oder gefährlichen Plattform interagieren (vielleicht eine neuerschaffene), könnten Sie denselben ruchlosen Effekt erzielen und all Ihre Gelder werden gestohlen oder Sie ermächtigen solche Smart Contracts, Dinge mit Ihren Kryptowährungen zu tun, die Sie eigentlich nicht wollen, dass sie es tun.

Seien Sie also erstens vorsichtig mit den DeFi-Plattformen, die Sie verwenden, und stellen Sie sicher, dass es die richtigen sind. Zweitens: Verwenden Sie nur DeFi-Plattformen, die Sie kennen, die Sie geprüft haben, die etabliert sind oder denen Sie voll vertrauen. Drittens: Überprüfen Sie genau, in welcher Form Sie der Plattform erlauben, mit Ihrem Geld zu agieren. Wenn Sie eine Gefahr sehen, stimmen Sie nicht zu, unterschreiben Sie nicht.

Sobald Sie die DeFi-Plattform für die Verwendung Ihrer Gelder autorisiert haben, können Sie dort alle Finanztransaktionen durchführen, die sie Ihnen erlaubt. Jedes Mal, wenn Sie eine Transaktion auf dieser Plattform durchführen möchten, müssen Sie die Validierung der spezifischen Transaktion durch erneute Eingabe Ihres MetaMask-Passworts unterzeichnen. Dies ist im Großen und Ganzen der praktische Prozess der Interaktion mit Smart Contracts auf DeFi-Plattformen, wobei MetaMask, wie Sie sehen, absolut unverzichtbar ist, da es als Brücke zwischen der Welt des Webs und der Welt der Smart Contracts fungiert.

Im Internet gibt es viele kostenlose Anleitungen zum Einrichten und Verwenden von MetaMask. Wenn Ihnen etwas nicht klar ist, empfehle ich Ihnen, diese Anleitungen anzusehen.

Die Aufgabe des Liquiditätsanbieters

Die Tätigkeit als Liquiditätsanbieter auf DeFi-Plattformen wird zu einem Beruf. **In der Tat können Liquiditätsanbieter mit großem Kapital enorme Gewinne mit DeFi-Anwendungen erzielen.** Die Strategien und Optimierungen, um an der DeFi zu verdienen, sind endlos und im Laufe der Zeit dynamisch. Dies könnte ein interessantes Thema sein, das in einem zukünftigen Buch behandelt wird.

Denken Sie jedoch daran, dass Sie sich in dem Moment, in dem Sie Liquiditätsanbieter für eine DeFi DApp werden, drei Risiken aussetzen:

1. **Blockchain-Risiko oder Protokoll-Risiko.** Das Risiko besteht darin, dass die Blockchain, auf der die von Ihnen betriebene DApp basiert, gehackt wird, nicht mehr funktioniert oder das Projekt einfach scheitert. Denken Sie daran, dass einige Layer-1-Blockchains, die heute existieren, morgen vielleicht nicht mehr existieren. Sie könnten zu Projekten werden, die scheitern.

2. **DApps Smart-Contract-Risiko.** Ähnlich wie bei Punkt 1 könnte auch die einzelne DApp, auf der Sie als Liquiditätsanbieter tätig sind, zu einem Projekt werden, das scheitert oder, schlimmer noch, gehackt wird. So könnten beispielsweise die Smart Contracts der DApp gehackt werden oder nicht mehr funktionieren.

3. **Unbeständiges Verlustrisiko.** Wenn Sie einem Pool von volatilen Vermögenswerten Liquidität zur Verfügung stellen, ist der unbeständige Verlust definiert als das Verlustrisiko, das Sie aufgrund einer Änderung der Preise der Token, aus denen der Pool besteht, eingehen könnten. Dieser Verlust tritt ein, wenn das Halten der beiden Token einen höheren Gewinn als die durch den Beitritt zum Pool erzielten Gewinne erbracht hätte. Aus diesem Grund bevorzugen die Liquiditätsanbieter stabile Token. Je volatiler jedoch die Token in den Pools sind, desto größer sind die Anreize für die Einzahlung von Liquidität in solche Pools.

Trotz dieser Risiken ist die Tätigkeit als Liquiditätsanbieter eine großartige Möglichkeit, an den eigenen Investitionen in Kryptowährungen und Token zu verdienen. Investitionen, die sonst ungenutzt bleiben und keine weiteren Erträge generieren würden. Es ist eine Möglichkeit, Ihre Vermögenswerte über einen längeren Zeitraum hinweg zu nutzen, wenn Sie sie nicht kurzfristig verkaufen wollen. Natürlich sind Sie dabei den bereits erwähnten Risiken ausgesetzt.

Anleihe und Kreditvergabe

Wenn wir über das Leihen und Verleihen sprechen, geht es um spekulative Strategien, um mit DeFi Geld zu verdienen, indem man sein Kapital zu Einkommen macht. Dieses sehr interessante und sich ständig verändernde Thema ist jedoch nicht das Thema dieses Buches, obwohl ich es für ein mögliches zukünftiges Buch im Hinterkopf halte. In diesem Kapitel versuchen wir lediglich zu verstehen, was Leihen und Verleihen bedeuten und wie sie in DeFi funktionieren.

Der Mechanismus sieht folgendermaßen aus: **Ein DeFi-Nutzer (Kreditgeber) hinterlegt Vermögenswerte (z. B. USDT) bei einer DApp, die sich häufig auf solche Transaktionen spezialisiert hat (z. B. Aave). Diese Vermögenswerte werden dann an den Kreditnehmer ausgeliehen. Im Gegenzug erhält der Verleiher, wie ein Liquiditätsanbieter in Pools, Gebühren, die der Entleiher zahlt.**

Auf der anderen Seite muss der Kreditnehmer eine Sicherheit hinterlegen, deren Wert viel höher ist als der von ihm benötigte Kredit. Um beispielsweise den Wert von 10 Ether in Form von USDT (vom Kreditgeber) zu leihen, muss er 20 Ether als

Sicherheit hinterlegen und er muss Gebühren an den Kreditgeber und die DApp zahlen. **Der Kreditnehmer muss auch auf das Liquidationsrisiko achten.** Um auf unser Beispiel zurückzukommen: Wenn sich der Wert von Ether einer bestimmten kritischen Schwelle nähert, so dass die 20 Ether nun fast so viel wert sind wie die gesamten geliehenen USDT, löst dies die automatische Liquidation eines Teils der 20 Ether aus, um die Schulden zurückzuzahlen. Das ist für den Kreditnehmer nie eine gute Sache. Wenn sich die Position der Liquidation nähert, kann der Kreditnehmer sie natürlich wieder ausgleichen, indem er mehr Ether einzahlt.

Sicherlich fragen Sie sich: Warum geht der Kreditnehmer diese Risiken ein, um geliehene Vermögenswerte zu erhalten, die viel weniger wert sind als das, was er als Gegenwert hinterlegt hat? **Die Kreditaufnahme ermöglicht es Ihnen, mit dem DeFi zu handeln oder andere Transaktionen zu tätigen und gleichzeitig Vermögenswerte zu bewahren, die Sie nicht verkaufen wollen.** Da es keine zentrale Instanz gibt, die den gesamten Mechanismus kontrolliert, besteht die einzige Möglichkeit, das System zum Funktionieren zu bringen, darin, dass der Kreditnehmer viel mehr Geld als Sicherheit hinterlegt, als er sich leiht, und dass die Smart Contracts bei Erreichen eines bestimmten Schwellenwerts die Liquidation auslösen, wenn der als Gegenwert hinterlegte Vermögenswert zu stark fällt.

Nehmen wir ein Beispiel. Ein Kreditnehmer könnte ETH einzahlen und USDT leihen, die er dann als Liquiditätsgeber in einem Uniswap-Pool verwendet, der ihm einen bestimmten Zinssatz bietet. Wenn dieser Zinssatz höher ist als das, was er an den Kreditgeber und die DApp zahlt, um sich etwas zu leihen, dann verdient er, OHNE seine Investition in Ether anzutasten, die als Gegenwert für den Kredit stationär gesperrt bleibt. Wenn der Kreditnehmer beschließt, den Kredit zu beenden, zahlt er den USDT-Kredit zurück, erhält seine Ether zurück und behält alle Gewinne in USDT, die er erwirtschaftet hat.

Kredite in DeFi kommen heute nur für finanzielle und spekulative Strategien vor, die oft sehr komplex sind. Vielleicht können DeFi-Darlehen morgen für den realen Konsum genutzt werden, aber von diesem Szenario sind wir noch weit entfernt.

Ein letzter Punkt: **Denken Sie daran, dass die Kreditvergabe und -aufnahme mit Risiken verbunden ist.** Erstens gibt es Risiken im Zusammenhang mit der Blockchain und den Smart Contracts der DApp, die wir bereits im vorherigen Abschnitt gesehen haben. Hinzu kommt das Risiko, das mit der Volatilität der Vermögenswerte verbunden ist. Wenn der Kreditnehmer nämlich einen volatilen Vermögenswert als Gegenwert hinterlegt, besteht das Risiko, dass dieser Vermögenswert zum Zeitpunkt der Auszahlung weniger wert ist, weil sein Wert auf dem Markt gesunken ist. Schließlich besteht auch das Risiko einer automatischen Liquidation, die um jeden Preis vermieden werden sollte.

Jagd auf die ‚APY'

Was ist die jährliche Rendite ‚APY' (Annual Percentage Yield)? **Der effektive Jahreszins ist die tatsächliche Rendite einer Anlage unter Berücksichtigung des Zinseszinseffekts, d. h. der sofortigen Wiederanlage von Zinserträgen.** Der Zinseszins wird in regelmäßigen Abständen berechnet und der Betrag wird sofort zum Guthaben hinzugefügt. Dies ist der Hauptunterschied zum einfachen Zinssatz, dem effektiven Jahreszins, der die Wiederanlage der Zinsen nicht berücksichtigt.

Die Renditen von DeFi DApps werden oft in APY und nicht in APR ausgedrückt, da die Smart Contracts vieler DApps die sofortige und automatische Reinvestition von Zinsen ermöglichen. Die DeFi-Welt ist oft die Welt der ‚APY-Jagd', d. h. der Jagd nach dem höchsten effektiven Jahreszins, um aus seinem Vermögen mehr Geld zu machen. In der Tat versuchen alle DApps, einen weiteren Grund für die Einzahlung von Vermögenswerten in sie zu bieten, was oft einen höheren effektiven Jahreszins bedeutet. Aber Vorsicht: **Je exotischer das Protokoll, desto höher die angebotene APY und desto höher das Risiko, alles zu verlieren** (denken Sie immer an die Risiken: Blockchain-Risiko, Smart-Contract-Risiko, usw.)

Heute sind die bekanntesten DApps in DeFi, die Strategien entwickeln, um Kapital in Einkommen zu verwandeln, Aave, Compound, Curve und Yearn Finance. Diese haben eine gewisse Historie und versuchen, wertvolle Projekte anzubieten. Aber es gibt auch viele kleinere DApps. Denken Sie daran: Je jünger und/oder unbekannter ein Projekt ist, desto weniger Informationen erhalten Sie und desto größer ist das Risiko, es zu nutzen.

Bridges

Bridges sind Protokolle, die es ermöglichen, Vermögenswerte von einer Blockchain auf eine andere zu übertragen, indem sie als Vermittler fungieren. Ich halte Bridges für sehr riskant, weil sie eine große Risikoebene hinzufügen: das Risiko, dass Vermögenswerte von einer Blockchain auf eine andere übertragen werden, was über einen Boten geschieht, der die Bridge selbst ist.

Dieser Bote ist oft sehr anfällig für Hackerangriffe und ermöglicht die Übertragung von Vermögenswerten auf eine sehr künstliche Art und Weise (Sie erinnern sich vielleicht an den Fall von WBTC, wo ein synthetischer Vermögenswert, der den Wert von BTC repliziert, auf den ETH Smart Contracts ausgegeben wird, aber Ihre Bitcoins werden von einer Gegenpartei gehalten, nicht mehr von Ihnen). Die meisten großen Bridges sind gehackt worden. Seien Sie sehr vorsichtig, wenn Sie sie benutzen.

Zusammenfassung von Kapitel 4

- Die dezentrales Finanzwirtschaft (DeFi) ist das Ökosystem finanzieller, erlaubnisfreier und dezentraler Anwendungen (DApps), die durch Blockchain-Technologie und Smart Contracts funktionieren.

- DApps verwenden Smart Contracts, um Nutzern die Durchführung von Finanztransaktionen zu ermöglichen.
- Die Idee hinter DeFi ist es, ein erlaubnisfreies Finanzsystem zu schaffen.
- Die fünf Unterschiede zwischen DeFi und CeFi (centralized Finance) sind:
    1. Geschlossenes System vs. offenes System
    2. Viele Vermittler gegenüber keinen Vermittlern
    3. Zentralisiert und von einigen wenigen verwaltet gegenüber dezentralisiert und von den Nutzern verwaltet
    4. Langsam und veränderungsresistent gegenüber schnell und intelligent
    5. Zensierbar und für einige wenige versus nicht-zensierbar und für alle.
- Die wichtigsten Arten von DApps sind dezentrale Börsen (DEX). DEX erlauben es, Kryptowährungen oder Token gegen andere Kryptowährungen oder Token zu tauschen, solange sie Teil derselben Blockchain sind.
- DEX arbeiten genehmigungsfrei, ohne die Möglichkeit der Zensur und ohne KYC. Verbinden Sie einfach Ihre Wallet mit einer DEX und Sie können ohne die Kontrolle von irgendjemandem operieren, da alles auf Smart Contracts basiert, die es Ihnen ermöglichen, Finanztransaktionen ohne eine zentrale Kontrolle durchzuführen.
- DEX funktionieren über den Mechanismus von Pools.
- Wenn sich der Preis eines Vermögenswerts ändert, führen viele Nutzer (oft über BOTs) fast sofort eine Arbitrage über die CEX durch. Auf diese Weise gleichen sich die Preise auf den DEX sofort wieder an.
- Um Transaktionen auf einer DEX durchzuführen, müssen Gasgebühren in der Kryptowährung bezahlt werden, die mit der Blockchain verbunden ist, auf der die DEX läuft.
- DeFi DEX und DApps sind nicht wirklich dezentralisiert, sondern ‚nur' erlaubnisfrei.
- Einige DEX laufen auf mehreren Blockchains und werden als Multi-Chain DEX bezeichnet.
- MetaMask ist eine Browsererweiterung, die die Webwelt, also Ihren Browser, mit den Smart Contracts einer Blockchain kommunizieren lässt.
- MetaMask kann als nicht-pfändbare Wallet verwendet werden.
- MetaMask kann mit einer Hardware-Wallet verbunden werden, die Sie bereits besitzen. Dies ist der beste Weg, um die Sicherheit zu maximieren.

- Bei der Installation von MetaMask startet ein Assistent, mit dem Sie Ihre öffentlichen und privaten Schlüssel erstellen (wenn Sie eine neue Wallet erstellen) oder Ihre Hardware-Wallet anschließen können.

- In der ersten Konfigurationsphase von MetaMask müssen Sie ein Freischalt-Passwort festlegen. Dieses Passwort ermöglicht es Ihnen, schnell und reibungslos mit DeFi zu arbeiten, da Sie in der Lage sein werden, Vorgänge zu validieren, indem Sie es in die MetaMask-Schnittstelle eingeben.

- Mit MetaMask können Sie auf verschiedenen Blockchains interagieren, und damit auf allen DApps, die auf diesen Blockchains aufgebaut sind. Allerdings ist MetaMask nicht für alle Blockchains verfügbar.

- Wenn Sie zum ersten Mal mit einer DeFi-Plattform interagieren, werden Sie immer über MetaMask um die Erlaubnis gebeten, dass Ihre Mittel mit den Smart Contracts der Plattform interagieren dürfen. Um zu akzeptieren, müssen Sie diese Erlaubnis unterschreiben, indem Sie Ihr MetaMask-Passwort in das automatisch erscheinende Feld eingeben. Dies ist ein heikler Moment; Sie müssen vorsichtig sein, wenn Sie eine solche Erlaubnis unterschreiben.

- Sobald Sie die DeFi-Plattform für die Verwendung Ihrer Gelder autorisiert haben, können Sie dort alle Finanztransaktionen durchführen, die sie Ihnen erlaubt. Jedes Mal, wenn Sie eine Transaktion auf dieser Plattform durchführen möchten, müssen Sie die Validierung der jeweiligen Transaktion durch erneute Eingabe Ihres MetaMask-Passworts unterzeichnen.

- Im Internet gibt es zahlreiche kostenlose Anleitungen für die Einrichtung und Verwendung von MetaMask.

- Liquiditätsanbieter, die über große Mengen an Kapital verfügen, können daran verdienen, wenn sie dieses in DeFi-Anwendungen einsetzen.

- Liquiditätsanbieter setzen sich drei Risiken aus:
    1. Blockchain-Risiko oder Protokoll-Risiko
    2. DApps Smart Contract Risiko
    3. Risiko eines dauerhaften Verlustes

- Trotz dieser Risiken ist die Tätigkeit eines Liquiditätsanbieters eine großartige Möglichkeit, an den eigenen Investitionen in Kryptowährungen und Token zu verdienen. Investitionen, die sonst ungenutzt bleiben und keine weiteren Erträge generieren würden.

- Heute erfolgt die Kreditvergabe in DeFi nur für finanzielle und spekulative Strategien, die oft sehr komplex sind. Der Mechanismus sieht folgendermaßen aus: Ein DeFi-Nutzer (Kreditgeber) hinterlegt Vermögenswerte (z. B. USDT) bei einer DApp, die häufig auf solche Transaktionen spezialisiert ist

(z. B. Aave). Diese Vermögenswerte werden dann an den Kreditnehmer ausgeliehen. Im Gegenzug erhält der Verleiher, wie Liquiditätsanbieter in Pools, Gebühren, die der Entleiher zahlt.

- Auf der anderen Seite muss der Kreditnehmer, um den Kredit zu erhalten, eine Sicherheit hinterlegen, deren Wert viel höher ist als der des von ihm benötigten Kredits.

- Der Kreditnehmer muss auf das Liquidationsrisiko achten.

- Die Kreditaufnahme wird eingesetzt, weil sie spekulative Operationen in DeFi ermöglicht, indem sie Vermögenswerte bewahrt, die Sie nicht verkaufen wollen.

- Die Durchführung von Darlehens- und Anleihegeschäften ist mit Risiken verbunden:
    1. Blockchain-Risiko oder Protokoll-Risiko
    2. DApps Smart Contract Risiko
    3. Risiko einer möglichen Wertminderung des hinterlegten Wertes als Gegenwert
    4. Liquidationsrisiko

- Der effektive Jahreszins ist die Rendite einer Anlage unter Berücksichtigung des Zinseszinseffekts, d. h. der sofortigen Wiederanlage von Zinserträgen.

- Die Renditen von DeFi DApps werden oft in APY und nicht in APR ausgedrückt, da die Smart Contracts vieler DApps die sofortige und automatische Reinvestition von Zinsen ermöglichen.

- Die DeFi-Welt wird oft als die Welt der ‚APY-Jagd' bezeichnet, d. h. der Jagd nach der höchsten APY, um aus seinem Vermögen mehr Geld zu machen.

- Je exotischer das Protokoll und je höher die angebotene APY, desto größer das Risiko, alles zu verlieren.

- Bridges sind Protokolle, die es ermöglichen, Vermögenswerte von einer Blockchain auf eine andere zu übertragen, indem sie als Vermittler fungieren. Bridges sind sehr riskant.

TEIL II: Wie man langfristig in Kryptowährungen investiert

Kapitel 5: Einführung in die Regeln zu Investition, Spekulation, Risikotoleranz und Cash Runway

Haftungsausschluss

In diesem zweiten Teil des Buches werden wir die Asset Allocation (AA) zur Schaffung eines langfristig ausgewogenen Anlageportfolios erörtern. Natürlich werden wir uns speziell auf den Kryptowährungsanteil des Portfolios konzentrieren. Bevor wir jedoch beginnen, möchte ich Sie daran erinnern, dass alle in diesem Kapitel und in diesem Buch dargestellten Informationen keine finanzielle Anlageberatung darstellen. Alles, was Sie in diesem Buch finden, dient nur zu Bildungs- und Informationszwecken.

Darüber hinaus müssen Sie selbst entscheiden, wie Sie Ihr Kapital investieren und Ihre AA verwalten. Trauen Sie in der Welt der Kryptowährungen und allgemein im Finanzwesen niemandem. Informieren Sie sich, machen Sie sich ein eigenes Bild und investieren Sie entsprechend. Sie können selbstständig oder über einen Finanzberater investieren, aber denken Sie daran, dass dieser Berater immer Ihren Vorgaben und Anlageideen folgen sollte. Schließlich geht es hier um Ihr Geld.

Dieser Teil II versucht, Ihnen alle wesentlichen Informationen zu geben, die Sie benötigen, um ein ausgewogenes langfristiges Anlageportfolio zu erstellen, in dem Kryptowährungen das richtige Gewicht haben. Sie müssen jedoch Ihre eigene Anlagestrategie wählen und selbst entscheiden, wie Sie investieren und wie viel Sie riskieren wollen.

Investition vs. Spekulation

Das erste Konzept, das Sie verstehen müssen, ist der Unterschied zwischen Investition und Spekulation. **Eine Investition in einen finanziellen Vermögenswert, sei es eine Aktie, ein Fonds, eine Anleihe, eine Kryptowährung oder etwas anderes, bedeutet, dass man diesen Vermögenswert kauft, um ihn langfristig zu halten, in der Erwartung, dass sein innerer Wert im Laufe der Zeit steigen wird. Bei der Spekulation hingegen geht es um den kurz- oder sehr kurzfristigen Kauf und Verkauf von Finanzanlagen, um einen Gewinn zu erzielen.** Das Ziel eines Spekulanten ist es, einen schnellen Gewinn aus einer Preisänderung nach oben oder unten zu erzielen. **Hier die sechs wichtigsten Unterschiede zwischen Investition und Spekulation:**

1. **Zeithorizont.** Eine Investition muss einen langen oder sehr langen Zeithorizont haben. Wenn Sie in einen Vermögenswert investieren, sind Sie bereit, ihn für mindestens fünf Jahre in Ihrem Finanzportfolio zu halten. Das bedeutet, dass Sie davon ausgehen, dass ein solcher Vermögenswert in vielen Jahren einen höheren inneren Wert haben wird als heute, und dass sein Preis folglich höher sein wird als heute. Im Gegensatz dazu ist der Zeithorizont bei der Spekulation sehr kurz. In der Regel reicht er von wenigen Tagen bis zu einigen Jahren. Es gibt aber auch extreme Beispiele, wie z. B. Daytrader, die ihre spekulativen Geschäfte innerhalb eines einzigen Tages eröffnen und schließen.

2. **Timing und Einstiegskurs.** Bei Investitionen ist der Einstiegskurs und damit die Antwort auf die Frage „Wann soll ich einsteigen?“ irrelevant. Wenn Sie investieren, kaufen Sie einen Vermögenswert, weil Sie glauben, dass sein Wert langfristig steigen wird. Es sollte also keinen großen Unterschied machen, ob Sie den Vermögenswert heute, in einer Woche, in einem Monat oder sogar in drei Monaten kaufen. Denn Ihre Anlagethese sollte darin bestehen, diesen Vermögenswert über viele Jahre in Ihrem Portfolio zu halten. Wie wir sehen werden, ist eine kluge Einstiegsstrategie beim Investieren die so genannte DAC-Strategie (Dollar-Cost-Averaging), bei der jeden Monat ein bestimmter, vorher festgelegter Betrag in einen bestimmten Vermögenswert investiert wird, um einen durchschnittlichen Einstiegspreis zu erzielen. Im Gegensatz dazu kommt es bei der Spekulation auf den Zeitpunkt des Ein- und Ausstiegs und damit auf den Ein- und Ausstiegspreis an. Bei allen Spekulationen geht es darum, die richtigen Einstiegs- und Ausstiegskurse zu finden, um einen schnellen Gewinn zu erzielen.

3. **Marktrichtung.** Investitionen werden immer in der Hoffnung getätigt, dass der Vermögenswert auf lange Sicht wächst; daher ist die erhoffte Marktrichtung einer Investition immer nach oben gerichtet. Die Spekulation hingegen kann sowohl nach oben als auch nach unten gerichtet sein. Das bedeutet, dass durch die Nutzung bestimmter Finanzinstrumente spekulative Strate-

gien entwickelt werden können, mit denen sich sowohl bei einem Kursanstieg als auch bei einem Kursrückgang eines bestimmten Vermögenswerts Geld verdienen lässt.

4. **Risiko und Ertrag.** Eine der Grundregeln des Finanzwesens ist das Verhältnis zwischen Risiko und Rendite. Je risikoreicher eine Finanztransaktion ist, sei es eine Investition oder eine Spekulation, desto höher ist die mögliche Rendite – und vice versa. Spekulationen haben, wie Sie sich denken können, in der Regel ein höheres Risiko-Rendite-Verhältnis als Investitionen. Das bedeutet, dass Sie kurzfristig viel gewinnen, aber auch viel mehr verlieren können, als wenn Sie ein ausgewogenes Anlageportfolio aufbauen und verwalten.

5. **Gründe für den Kauf und Verkauf eines Vermögenswerts.** Wenn Sie in einen Vermögenswert investieren, kaufen Sie ihn, weil Sie in ihm einen zukünftigen inneren Wert sehen, der vom Markt vielleicht unterschätzt wird. Wenn Sie in BTC investieren und sie langfristig halten, sollten Sie dies tun, weil Sie an sie als eine neue Form von Geld glauben. Wenn Sie Aktien eines bestimmten Unternehmens kaufen, glauben Sie vielleicht, dass die Umsätze und/oder Gewinne dieses Unternehmens in den nächsten Jahren steigen werden, vielleicht weil Sie vermuten, dass es Produkte oder Dienstleistungen auf den Markt bringt, die auf lange Sicht sehr erfolgreich sein werden. Wenn Sie in etwas investieren, geben Sie einen Kredit für ein Projekt, das mit einem bestimmten finanziellen Vermögenswert verbunden ist. Wenn Sie dagegen einen Vermögenswert zu Spekulationszwecken kaufen, tun Sie dies nur, weil Sie glauben, dass Sie kurzfristig von seiner raschen Preisänderung profitieren können. Trading ist daher ein typisches Beispiel für eine spekulative Tätigkeit.

6. **Fundamentalanalyse vs. technische Analyse.** Investitionen werden in der Regel durch die Fundamentalanalyse gerechtfertigt, d. h. die Analyse, die die Angemessenheit einer Investition bewertet, indem sie den inneren Wert (den sogenannten fairen Wert) des Vermögenswerts schätzt und ihn mit seinem aktuellen Marktwert vergleicht. Später in diesem Buch werden wir die Fundamentalanalyse zur Bewertung eines Kryptoprojekts erörtern. Stattdessen wird die Spekulation oft durch die technische Analyse vorangetrieben, d. h. die Untersuchung von Preistrends im Zeitverlauf, um zukünftige Trends vorherzusagen, wobei hauptsächlich grafische und statistische Methoden verwendet werden.

In diesem Buch geht es um Investitionen und Spekulationen mit besonderem Bezug auf die Welt der Kryptowährungen. In diesem Teil II geht es also darum, wie man langfristig in Kryptowährungen investieren kann. In Teil III werden wir hingegen über Spekulation und kurzfristigen Handel sprechen, wobei wir nicht die technische Analyse, sondern die On-Chain-Analyse nutzen werden. Dazu werden wir noch kommen; bleiben wir zunächst beim Thema Investitionen.

Risikotoleranz

Die Einschätzung der eigenen Risikotoleranz ist sehr wichtig, um zu entscheiden, in welche Vermögenswerte man in welcher Höhe investieren sollte. Aber wie kann man seine Risikotoleranz erkennen? **Nachfolgend haben wir acht Parameter zusammengefasst, die Sie berücksichtigen sollten, um Ihre eigene Risikotoleranz zu bestimmen:**

1. **Die Anzahl der Menschen, die finanziell von Ihnen abhängig sind.** Je mehr Personen in finanzieller Hinsicht von Ihnen abhängig sind, wie z. B. Kinder, desto geringer sollte Ihre Risikotoleranz sein – und vice versa.

2. **Das Alter.** Je älter Sie sind, desto geringer sollte Ihre Risikotoleranz sein – und vice versa.

3. **Verschuldungssituation.** Je mehr Schulden Sie haben, z. B. ein laufender Hauskredit, desto geringer sollte Ihre Risikotoleranz sein. Sich übermäßig zu verschulden, ist keine gute Idee, denn dadurch kommen zu den monatlichen Ausgaben noch regelmäßige Zinsen und Tilgungen hinzu.

4. **Das fest und das variable monatliche Einkommen.** Je höher (und stabiler) Ihr festes und regelmäßiges Einkommen ist, desto höher kann Ihre Risikotoleranz sein. Darüber hinaus sollten Sie auch versuchen, Ihr mögliches variables Einkommen abzuschätzen, damit sind jene Einkommen gemeint, die weder sicher noch regelmäßig sind (z. B. mögliche Boni bei der Arbeit), und diese bei der Gesamtbeurteilung Ihres monatlichen Einkommens mit einbeziehen.

5. **Feste, variable und unvorhergesehene monatliche Ausgaben.** Je höher (und je regelmäßiger und sicherer, wie z. B. Hypothekenzahlungen) Ihre festen Ausgaben sind, desto geringer sollte Ihre Risikotoleranz sein. Außerdem sollten Sie versuchen, Ihre variablen und unerwarteten Ausgaben abzuschätzen. Erstere sind Ausgaben, die Sie kontrollieren können (z. B. für Urlaubsreisen, Abendessen usw.). Letztere sind Ausgaben, die Sie nicht kontrollieren können und die, obwohl sie weder periodisch noch fix sind, von Ihnen bezahlt werden müssen (um z. B. ein defektes Haushaltsgerät wie den Kühlschrank oder die Waschmaschine zu ersetzen).

6. **Monatlicher Überschuss.** Dies ist die Differenz zwischen Ihren monatlichen Einnahmen und Ausgaben. Je höher Ihr durchschnittlicher monatlicher Überschuss ist, desto höher kann Ihre Risikotoleranz sein.

7. **Mögliche Erbschaft.** Wenn Sie noch nie mit Ihren Eltern über Ihr mögliches Erbe gesprochen haben, sollten Sie in dem Moment, in dem Sie zu investieren beginnen, mit ihnen über dieses Thema sprechen. Denn je größer Ihr mögliches Erbe ist, desto höher kann Ihre Risikotoleranz sein.

8. **Eigene Risikoneigung.** Risikobereitschaft ist nichts Objektives, sondern eine persönliche Entscheidung. Bei dieser Entscheidung können Sie sich an den vorangegangenen sieben Punkten orientieren, die Ihnen helfen, eine umfassende Einschätzung Ihrer finanziellen Situation vorzunehmen. Sie müssen jedoch selbst über Ihre spezifische Risikotoleranz entscheiden, die sich in Ihrer Kassenführung und im Risiko-Ertrags-Verhältnis Ihres Anlageportfolios widerspiegelt.

Cash Runway

Bevor wir darüber sprechen, wie man ein Anlageportfolio kalibriert, das Kryptowährungen angemessen einbezieht, ist es wichtig, dass Sie Ihr persönliches Cash Runway vollständig verstehen. Wie Sie sich denken können, macht es keinen Sinn, alles zu investieren, was Sie besitzen. Im Gegenteil, **es ist sehr wichtig, über ein Liquiditätspolster zu verfügen, indem Sie einen gewissen Betrag an Bargeld sparen, der Sie vor unvorhergesehenen Ereignissen schützt, die immer eintreten können.** Wenn ein unerwartetes Ereignis eintritt, ist es sehr wichtig, dass Sie nicht gezwungen sind, Ihr Vermögen im Voraus zu veräußern. Daher ist es unerlässlich, für alle Eventualitäten einen Liquiditätspuffer zu haben.

Wie viel sollten Sie für Ihre Bargeldanlage zurücklegen? Der Betrag hängt von Ihrer Risikotoleranz ab, die wir im vorherigen Abschnitt erörtert haben. Je höher Ihre Risikotoleranz ist, desto geringer kann Ihr Liquiditätsspielraum sein – und vice versa.

Um genau zu sein, reicht die Spanne, die Sie wählen sollten, von einem Minimum von sechs Monaten an Ersparnissen für Ihre Lebensführung bis zu einem Maximum von 24 Monaten. Mit Lebensführung meine ich die durchschnittlichen monatlichen Ausgaben für die Art und Weise, wie Sie leben. Sie können diesen Parameter leicht berechnen, indem Sie Ihre Bankkonten nehmen, alle Ihre Ausgaben der letzten zwölf Monate addieren und diesen Betrag durch zwölf teilen. So erhalten Sie die durchschnittlichen monatlichen Kosten für Ihre Lebensführung.

Lassen Sie uns ein Beispiel nehmen. Nehmen wir an, Sie geben durchschnittlich 2.000 USD pro Monat aus, um Ihren derzeitigen Lebensstil zu pflegen. In diesem Fall sollte Ihr Cash Runway je nach Ihrer Risikotoleranz mindestens 2.000 USD*6 = 12.000 USD und höchstens 2.000 USD*24 = 48.000 USD betragen. Wie Sie sehen können, ist dies eine ziemlich große Spanne. Lassen Sie uns versuchen, noch mehr ins Detail zu gehen. Wenn Sie 20 Jahre alt sind, keine Kinder haben, in einem Haus leben, das Ihnen gehört, einer beruflichen Tätigkeit nachgehen, keine Schulden haben, über ein gewisses Gehalt verfügen, wissen, dass Ihre Eltern Ihnen ein beträchtliches Erbe hinterlassen werden, und keine besonderen regelmäßigen monatlichen Ausgaben haben, können Sie sicherlich ein hohes Maß an Risiko tolerieren. In diesem Fall könnte Ihr Bargeldvorrat fast 12.000 USD betragen. Wenn Sie dagegen 60 Jahre alt sind, zwei unterhaltsberechtigte Kinder haben, Ihre Hypothek abbezahlen, einen unsicheren Arbeitsplatz haben und wissen, dass Sie kein Erbe erhalten werden, sollten Sie eine geringere Risikotoleranz haben, und Ihr Bargeldvorrat sollte eher bei 48.000 USD liegen.

Ein letzter Punkt, bevor wir zum nächsten Kapitel übergehen. Lassen Sie sich nicht von der Tatsache entmutigen, dass Sie nach der Abschaffung des Bargelds nur noch wenig zu investieren haben. Sie müssen immer auf lange Sicht denken. **Selbst wenn Sie zu Beginn nur wenig investieren, unterschätzen Sie niemals die Macht des Zinseszinses. Dadurch können Ihre Ersparnisse exponentiell wachsen. Deshalb ist es sehr wichtig, so früh wie möglich zu investieren, auch wenn Sie nur wenig investieren.** Ihr Kapital wird mit der Zeit wachsen.

Zusammenfassung von Kapitel 5

- Alle in diesem Kapitel und in diesem Buch dargestellten Informationen stellen keine Anlageberatung dar. Sie müssen selbst entscheiden, wie Sie Ihr Kapital anlegen und Ihre Asset Allocation (AA) verwalten.

- In einen finanziellen Vermögenswert zu investieren bedeutet, diesen Vermögenswert zu kaufen, um ihn langfristig zu halten, in der Erwartung, dass sein innerer Wert im Laufe der Zeit steigen wird. Bei der Finanzspekulation hingegen werden Finanzanlagen kurz- oder sehr kurzfristig gekauft und verkauft, um einen schnellen Gewinn zu erzielen.

- Die sechs wichtigsten Unterschiede zwischen Investition und Spekulation sind:
    1. Zeithorizont
    2. Zeitpunkt und Einstiegspreis
    3. Richtung des Marktes
    4. Risiko und Ertrag
    5. Gründe für den Kauf und Verkauf eines Vermögenswerts
    6. Fundamentalanalyse vs. technische Analyse

- Die Einschätzung Ihrer Risikotoleranz ist sehr wichtig, um Ihren Geldfluss zu quantifizieren und auszuwählen, in welche Vermögenswerte Sie in welcher Höhe investieren wollen. Es gibt acht Parameter, die Sie berücksichtigen sollten, um zu erkennen, welche Art von Risikotoleranz Sie haben:
    1. Die Anzahl der Menschen, die finanziell auf Sie angewiesen sind.
    2. Alter
    3. Verschuldungssituation
    4. Feste und variable Monatseinkommen
    5. Feste, variable und unvorhergesehene monatliche Ausgaben
    6. Monatlicher Überschuss
    7. Mögliche Erbschaft
    8. Eigene Risikoneigung

- Es ist sehr wichtig, über eine eigene Cash Runway zu verfügen, d. h. einen bestimmten Betrag an Bargeld zu sparen, der Sie vor unvorhergesehenen Ereignissen im Leben schützt. Die Höhe Ihrer Bargeldreserven hängt von Ihrer Risikotoleranz ab.

- Die Bandbreite des zu wählenden Cash Runway reicht von einem Minimum von sechs Monaten Kosten für Ihre Lebensführung bis zu einem Maximum von 24 Monaten.
- Auch wenn Sie mit kleinen Investitionen beginnen und immer nur wenig investieren, unterschätzen Sie niemals die Kraft des Zinseszinses, der Ihre Ersparnisse exponentiell anwachsen lässt. Deshalb ist es sehr wichtig, so früh wie möglich zu investieren, auch wenn Sie nur wenig investieren.

Kapitel 6: Portfolio, Vermögensbildungsplan (DCA) und Neugewichtung

Möchten Sie uns unterstützen? Wenn Ihnen das Buch gefällt, hinterlassen Sie bitte eine Rezension auf Amazon, indem Sie den folgenden QR-Code mit Ihrem Smartphone scannen. Für Sie ist es eine Sache von Sekunden, aber für uns ist es von unschätzbarem Wert. Vielen Dank im Voraus!

Wenn Ihnen etwas nicht gefällt, lassen Sie es uns wissen und senden Sie bitte eine E-Mail an info@thecryptogo.com. Wir werden Ihr Feedback nutzen, um das Buch zu verbessern.

Wie viel sollte man in Kryptowährungen investieren?

In einem Finanzportfolio sollten Kryptowährungen als hochriskante Anlagen betrachtet werden, da sie extrem volatil und unsicher sind. Wie Sie gesehen haben, ist dieses Risiko bei anderen Altcoins als BTC und ETH sogar noch höher. Die Marktzyklen in der Kryptobranche haben uns in der Vergangenheit riesige Aufwärtsbewegungen und ruinöse Abstürze gezeigt. Denken Sie nur daran, dass BTC, der wichtigste Vermögenswert der Branche, in seiner Geschichte mehrmals um mehr als 80 % bis zu 85 % eingebrochen ist. **Die extreme Volatilität jeder Kryptowährung oder jedes Tokens bedeutet, dass der Kryptosektor ein hochriskanter Teil Ihres Portfolios ist.** Aber wenn Sie wie ich der Meinung sind, dass BTC und ETH einen großen inneren Wert haben, der sich in den kommenden Jahren noch stärker manifestieren wird, dann sollten Sie bereit sein, diese extreme kurzfristige Volatilität zu akzeptieren. Gleichzeitig müssen Sie jedoch sicherstellen, dass **diese Investition in einem angemessenen Verhältnis zum Rest Ihres Portfolios steht.**

Wie viel sollte man also in Kryptowährungen investieren? Im Folgenden finden Sie allgemeine Richtlinien, die vorschlagen, wie viel **ein ausgewogenes Portfolio in Kryptowährungen enthalten sollte, je nach Ihrer Risikotoleranz.**

1. **Geringes Risiko.** 0 % bis 5 % des Portfolios werden in Kryptowährungen gehalten. Investitionen nur in BTC und ETH.

2. **Mittleres Risiko.** 5 % bis 15 % des Portfolios werden in Kryptowährungen gehalten. Der Großteil in BTC und ETH, plus ein kleiner Prozentsatz in zwei bis drei anderen Altcoins.

3. **Hohes Risiko.** 15 % bis 30 % des Portfolios werden in Kryptowährungen gehalten. Das meiste in BTC und ETH, plus ein kleiner Prozentsatz in anderen Altcoins (ich würde vermeiden, die Anzahl von fünf bis sechs Altcoins zu überschreiten).

Allgemeine Grundsätze für die Zusammenstellung eines ausgewogenen Portfolios mit einer guten Präsenz von Kryptowährungen

Unabhängig von Ihrer Risikotoleranz sollte der Kryptoteil eines ausgewogenen Portfolios immer zu mindestens 80 % in BTC und ETH und zu höchstens 20 % in anderen Altcoins aufgeteilt sein. Darüber hinaus sollte der der Anteil von BTC immer viel höher sein als der von ETH.

Beachten Sie, dass Krypto-Investitionen entweder gehalten werden können, indem sie in der eigenen Wallet verbleiben, oder in DeFi oder CeFi als Annuitäten angelegt werden können. In diesem Buch wird nicht auf die DeFi-Strategien eingegangen, mit denen man mit seinen Krypto-Investitionen Geld verdienen kann, die ich im Kapitel über DeFi erwähnt habe. Bedenken Sie jedoch, dass Sie das Risiko Ihres Portfolios erhöhen, wenn Sie Ihre Krypto-Investitionen in DeFi oder CeFi veranlagen, weil Sie sich dem Protokollrisiko, dem Smart-Contract-Risiko oder, im Falle von CeFi, dem Kontrahentenrisiko aussetzen (Beispiel: Ausfall des zentralisierten Unternehmens, auf das Sie Ihre Kryptowährung verrentet haben). **Die Verrentung Ihrer Krypto-Investitionen erhöht also das Risiko Ihres Portfolios, das sollten Sie immer bedenken.** Wenn Sie 10.000 USD in BTC in Ihrer Wallet halten, ist das viel weniger riskant, als wenn Sie diese 10.000 USD in BTC als Annuität auf DeFi und/oder CeFi anlegen, obwohl Sie mit DeFi und CeFi zusätzliche Gewinne erzielen können. Als allgemeine Richtlinie gilt, dass Sie nicht mehr als 30 % Ihrer Kryptowährungsinvestitionen in Annuitäten auf DeFi und CeFi setzen sollten, wenn Sie sich damit beschäftigen.

Ein weiteres wichtiges Konzept, an das Sie immer im Hinterkopf halten sollten, bezieht sich darauf, dass Sie Ihre Portfolio Investitionen in risikoreiche Bereiche wie Kryptowährungen oder einzelne Aktien mit einem ‚Cash-Polster' ausgleichen sollten. Dieses Cash-Polster besteht aus Bargeld oder alternativ aus sehr risikoarmen Vermögenswerten (Beispiel: Staatsanleihen aus sicheren Ländern)

in einem Bereich von 1- bis 2-fach im Verhältnis zu riskanten Vermögenswerten, je nach Ihrer Risikotoleranz. Wenn Ihr Portfolio beispielsweise 20 % Kryptowährungen enthält, sollten Sie mindestens 20 % bis 40 % Ihres Portfolios in bar oder zumindest in sehr sicheren Vermögenswerten wie Staatsanleihen stabiler Länder halten. Wenn ich in diesem Fall von einem Cash-Polster spreche, meine ich den Teil Ihres Portfolios, den Sie in bar halten, und nicht den Cash Runway, den wir zuvor besprochen haben. Dieser ist separat und wird nicht in Ihrem Portfolio berücksichtigt.

Hinweis: Selbst, wenn Sie nur 5 % Ihres Portfolios in Kryptowährungen halten, aber 80 % in Einzelaktien, die ebenfalls volatil und riskant sind (wenn auch weniger als Kryptowährungen), und Sie keine Liquidität haben, ist dieses Portfolio sehr risikoreich. Die Liquiditätsregel ist so einfach wie effektiv, um volatile und risikoreiche Anlagen auszugleichen, obwohl die Liquidität, wie Sie wissen, durch die Inflation aufgezehrt wird.

Das Cash-Polster kann auch zum Teil aus Stablecoins bestehen, die Sie als Annuität auf dem DeFi oder CeFi anlegen können. Dieser Teil des Bargelds in Stablecoin sollte 30 % des gesamten Bargelds im Portfolio nicht überschreiten. Ein Teil dieser Allokation in Stablecoins kann in eine Annuität auf DeFi und CeFi investiert werden. Bedenken Sie jedoch, dass die Anlage von Stablecoins in eine Annuität (aber auch das einfache Halten von Stablecoins) Risiken birgt und daher das Gesamtrisiko Ihres Portfolios erhöht.

Schließlich sollte ein ausgewogenes Portfolio entsprechend den Marktzyklen und der globalen makroökonomischen Situation leicht anpassbar sein. Insbesondere in Zeiten einer Hausse und/oder einer größeren Euphorie über die Weltwirtschaft kann man etwas mehr in risikoreichere Vermögenswerte investieren und etwas weniger Liquidität halten. Im Wesentlichen kann man sein Portfolio so kalibrieren, dass es mehr Risikotoleranz aufweist. Das Gegenteil gilt für Bärenmarktperioden und/oder komplizierte globale makroökonomische Situationen.

Vollständiges Beispiel eines ausgewogenen Portfolios mit einem mittelhohen Risiko und einer starken Präsenz von Kryptowährungen

Ich möchte Sie noch einmal darauf hinweisen, dass das folgende Beispiel nur zu Demonstrationszwecken dient und in keiner Weise als Anlageberatung zu verstehen ist.

Das folgende Portfolio ist ein vollständiges Beispiel für ein ausgewogenes Portfolio mit einer starken Präsenz von Kryptowährungen für eine Person mit einer mittleren bis hohen Risikotoleranz.

- **Kryptoanteil: 25 % des Portfolios.** Von diesen 25 % sind 70 % in BTC, 20 % in ETH und 10 % sind auf fünf weitere Altcoins verteilt. Etwa 20 % der BTC, ETH und der weiteren Altcoins werden in DeFi und CeFi verrentet, während der Rest in einer (Hardware-)Wallet gehalten wird.

- **Cash-Polster: 45 % des Portfolios.** Von diesen 45 % werden 80 % in USD gehalten, während die restlichen 20 % in Stablecoin gehalten werden. Ungefähr die Hälfte dieser 20 % in Stablecoin wird auf DeFi- und/oder CeFi-Plattformen als Annuität angelegt.
- **Aktienbereich: 20 % des Portfolios.** Hier könnte man sich die Welt des Value Investing erschließen und sich mit der Bewertung einzelner Unternehmen auseinandersetzen, um diejenigen zu finden, die einen hohen inneren Wert haben, aber vom Markt unterbewertet sind. Wenn Sie jedoch nicht über Fachwissen in diesem Bereich verfügen, empfehle ich Ihnen den Kauf eines Pakets von börsengehandelten Aktienfonds (ETFs), also Finanzprodukten, die die Wertentwicklung einer Reihe von Aktien nachbilden. Konkret könnte ein ausgewogenes Portfolio diese 20 % wie folgt aufteilen: 50 % in einen Weltaktien-ETF, 30 % in einen S&P 500-ETF und die restlichen 20 % in einen China-Aktien-ETF. ETFs sind viel weniger riskant als einzelne Aktien, und zwar aus dem einfachen Grund, dass sie von vornherein sehr breit aufgestellt sind. Daher sollte dieser Teil des Portfolios in Aktien-ETFs nicht als risikoreich angesehen werden und sich nicht auf das Cash-Polster beziehen.
- **Bereich Rohstoffe: 10 % des Portfolios.** Davon sind 7 % in Gold und 3 % in Silber.

Da es sich um ein Portfolio mit einem hohen Cash-Polster handelt, sind in diesem Beispiel einige sehr beliebte Vermögenswerte wie Staatsanleihen stabiler Länder nicht enthalten. Alternativ kann ein Teil des Liquiditätspolsters in solche Anlagen mit niedrigem Risiko-Rendite-Verhältnis investiert werden.

Dollar-Cost-Averaging (DCA)

Betrachten wir die gängigste und korrekte Strategie für den Aufbau eines Portfolios von Grund auf: das Dollar-Cost-Averaging (abgekürzt DCA, auch bekannt unter dem Namen Durchschnittskosteneffekt oder Sparplan). **DCA ist der regelmäßige Kauf eines vorher festgelegten Betrags aller Vermögenswerte in Ihrem Portfolio.** Wenn Sie zum Beispiel beschlossen haben, 10.000 USD zu investieren, könnten Sie in den nächsten fünf Monaten monatlich 2.000 USD investieren. Das bedeutet, dass Sie beispielsweise an jedem Monatsersten 1/5 der Vermögenswerte kaufen, die Sie in Ihr Portfolio aufnehmen möchten. **Auf diese Weise investieren Sie mit einem durchschnittlichen Kaufpreis, der sich über mehrere Monate verteilt, und verringern die Emotionalität, die sich aus einem falschen Timing ergeben kann** (was für Sie ohnehin keine große Rolle spielen sollte, da Sie investieren und nicht spekulieren).

Wenn Sie, wie ich es empfehle, die DCA-Strategie anwenden, denken Sie daran, die Anzahl der Vermögenswerte in Ihrem Portfolio zu minimieren. Einer der Hauptnachteile der DCA-Strategie besteht darin, dass sie die durchschnittlichen Gebühren erhöht, da sie die Anzahl der Transaktionen zum Erwerb von Vermögenswerten erhöht. Daher ist der Einsatz von DCA bei einem Portfolio mit vielen Vermögenswerten nicht die ideale Lösung. Andererseits brauchen Sie, wie Sie im vorherigen Beispiel gesehen haben, nicht Dutzende von verschiedenen Vermögenswerten, um ein ausgewogenes Portfolio zu erstellen. Ein wichtiger Parameter, den Sie für Ihr DCA wählen müssen, ist die Periodizität. **Der am häufigsten verwendete Zeitraum ist der Monat, so dass Sie jeden Monat kaufen.** Sie können aber auch mit kürzeren oder längeren Zeiträumen mit DCA investieren. Entscheiden Sie zudem, über wie viele Monate Sie Ihre Anfangsinvestition verteilen wollen. In der Regel liegt die Anzahl der Monate, über die Sie Ihre Erstinvestition mit DCA verteilen können, zwischen drei und sechs Monaten. **DCA kann nicht nur zur Anlage des Anfangskapitals, sondern auch zur regelmäßigen Anlage eines Teils der Ersparnisse verwendet werden. Diese zweite Art von DCA sollte über viele Jahre hinweg bestehen. Eigentlich sollte sie zu einer ständigen gesunden finanziellen Gewohnheit werden.** Um auf das vorherige Beispiel zurückzukommen: Nachdem Sie 10.000 USD mit einem 5-monatigen DCA von 2.000 USD pro Monat investiert haben, können Sie ab dem sechsten Monat weiterhin einen Teil Ihrer monatlichen Ersparnisse in Ihr Portfolio investieren, zum Beispiel 200 USD pro Monat. **Dieser Anteil Ihres DCA kann im Laufe der Zeit konstant sein oder von Monat zu Monat variieren, je nach dem Bedarf an Neugewichtung des Portfolios (siehe nächster Absatz) und/oder dem Saldo des Cash Runway.** Wenn Sie z. B. in einem Monat mehr ausgegeben haben als geplant, können Sie dem Investitions-DCA weniger Kapital zuweisen, weil Sie Ihren Cash Runway wieder in das ideale Verhältnis bringen wollen. Umgekehrt können Sie, wenn Sie in einem Monat besonders sparsam waren, in diesem Monat einen größeren Betrag an Ersparnissen in Ihr Portfolio investieren.

Neugewichtung des Portfolios

In regelmäßigen Abständen sollten Sie Ihr Anlageportfolio neu austarieren. Das bedeutet, dass Ihr Portfolio im Laufe der Zeit von Ihrem ursprünglichen Bild abweichen kann. Es ist sogar sehr wahrscheinlich, dass dies geschehen wird. **Eine Neugewichtung des Portfolios bedeutet, dass Sie monatlich (aber auch öfters) kaufen und verkaufen, damit das Portfolio wieder zu den ursprünglich gewählten Proportionen zurückkehrt.** Lassen Sie uns ein Beispiel ansehen. Ich habe beschlossen, dass 10 % meines Portfolios in BTC angelegt werden sollen. Innerhalb eines Monats nach meiner Investition macht BTC jedoch einen schwindelerregenden Sprung, so dass ich nun BTC im Wert von 20 % meines Portfolios habe. Bei meiner monatlichen Neugewichtung verkaufe ich daher einige meiner Bitcoins (und mache damit einen Teil des Gewinns) und kaufe andere Vermögenswerte in meinem Portfolio, die stattdessen gesunken oder konstant geblieben sind (oder weniger stark gestiegen sind als BTC) und daher jetzt ein geringeres Gewicht in meinem Portfolio haben als meine gewünschten Anteile. **Auch hier gilt: Je mehr Vermögenswerte Sie halten, desto schwieriger und teurer ist es, eine monatliche Neugewichtung durchzuführen.** Dies ist ein weiterer Grund, warum ich ein Portfolio mit einer geringen Anzahl von Vermögenswerten empfehle. Der Kauf und Verkauf von Vermögenswerten können teuer sein, sowohl in Bezug auf die Gebühren als auch in Bezug auf die Besteuerung (wenn Sie z. B. einen Teil der Gewinne aus einer Aktie mitnehmen, müssen Sie möglicherweise Kapitalertragssteuern zahlen). **Beachten Sie daher die nachstehenden Regeln, um Ihr Portfolio so effizient wie möglich umzuschichten:**

1. **Streben Sie keine Perfektion bei den Proportionen an.** Wenden Sie eine Toleranzschwelle an, auch eine breite (bis zu 4-5 %), was die Proportionen der Vermögenswerte im Portfolio angeht. Nehmen Sie keine Neugewichtung eines Vermögenswerts im Portfolio vor, wenn es nur um wenige Prozentpunkte von Ihren idealen Proportionen abweicht. Nehmen Sie eine Neugewichtung im nächsten Monat vor, wenn die Abweichung anhält.

2. **Nutzen Sie den monatlichen DCA so oft wie möglich, um Ihr Portfolio neu zu gewichten.** Wie Sie sich vielleicht denken können, sollten DCA und die Neugewichtung des Portfolios gleichzeitig durchgeführt werden, auch weil DCA die Neugewichtung erleichtern kann. Das bedeutet, dass Sie so viel wie möglich von den Ersparnissen, die Sie jeden Monat investieren, für den Kauf von Vermögenswerten verwenden könnten, die Ihr Portfolio neu ausbalancieren, und dabei nach Möglichkeit den Verkauf von Vermögenswerten vermeiden sollten. Sie könnten auch bei der Höhe der monatlich anzulegenden Ersparnisse flexibel sein, so dass diese Ersparnisse im Laufe der Zeit ein möglichst großes Rebalancing Ihres Portfolios ermöglichen. Es liegt auf der Hand, dass diese Aktion zur Wiederherstellung des Gleichgewichts mit DCA umso weniger anwendbar ist, je größer Ihr investiertes Gesamtkapital ist und je geringer die monatlichen Ersparnisse sind, die Sie in Ihr Portfolio investieren.

3. **Differenzieren Sie bei der Neugewichtung des Portfolios zwischen den Abschnitten und innerhalb der Untersektionen**. Es ist eine gute Idee, das Portfolio innerhalb der Teilbereiche (z. B. Kryptowährungen, Aktien, Rohstoffe) häufiger umzuschichten und weniger häufig zwischen den Bereichen. So könnten Sie beispielsweise jeden Monat die Anteile, die Sie innerhalb der Kryptosparte beibehalten wollen (also zwischen BTC, ETH und weiteren Altcoins), neu gewichten, während Sie alle drei bis vier Monate die Anteile, die Sie zwischen Kryptosparte, Cash-Polster, Aktien-Sparte, Rohstoff-Sparte usw. beibehalten wollen, neu gewichten könnten.

Natürlich verbietet Ihnen niemand, die Vermögensaufteilung Ihres Portfolios im Laufe der Zeit zu überprüfen. Sie können beschließen, das Engagement in einem bestimmten Vermögenswert im Portfolio zu verringern (oder zu erhöhen). Nutzen Sie die nächste Neugewichtung und Ihr DCA, um die Proportionen des Portfolios zu ändern. **Es ist in der Tat empfehlenswert, Ihre Asset Allocation zu ändern, wenn neue Informationen über einen bestimmten Vermögenswert auftauchen, und/oder wenn sich die Situation auf den globalen Märkten oder die makroökonomischen Gleichgewichte ändern, und/oder wenn sich Ihre Risikotoleranz ändert. Und schließlich sollten Sie immer einen guten Überblick über Ihr Portfolio behalten.** Verwenden Sie eine Excel-Datei, um alle Ihre Investitionen, Änderungen und Umgewichtungen aufzuzeichnen, und/oder verwenden Sie eine der vielen kostenlosen Apps, um Ihre Krypto- und Nicht-Krypto-Investitionen zu verfolgen, wie CoinStats oder Delta.

Zusammenfassung von Kapitel 6

- In einem Finanzportfolio sollte der Bereich Kryptowährungen als risikoreich eingestuft werden, da es sich bei Kryptowährungen um extrem volatile und riskante Vermögenswerte handelt.
- Das Krypto-Segment Ihres Portfolios sollte im Verhältnis zum Rest Ihres Portfolios stehen.
- Nachfolgend finden Sie allgemeine Richtlinien, die angeben, wie viel ein ausgewogenes Portfolio in Kryptowährungen enthalten sollte, je nach der gewählten Risikotoleranz:
    1. Geringes Risiko. 0 % bis 5 % des Portfolios werden in Kryptowährungen gehalten. Investitionen nur in BTC und ETH.
    2. Mittleres Risiko. 5 % bis 15 % des Portfolios werden in Kryptowährungen gehalten. Der Großteil in BTC und ETH, plus ein kleiner Prozentsatz in zwei bis drei weiteren Altcoins.
    3. Hohes Risiko. 15 % bis 30 % des Portfolios werden in Kryptowährungen gehalten. Das meiste in BTC und ETH, plus ein kleiner Prozentsatz in weiteren Altcoins (ich würde es vermeiden, die Anzahl von fünf bis sechs Altcoins zu überschreiten).
- Unabhängig von Ihrer Risikotoleranz sollte der Kryptoteil eines ausgewogenen Portfolios immer zu mindestens 80 % in BTC und ETH und zu höchstens 20 % in weiteren Altcoins angelegt sein. Darüber hinaus sollte der Prozentsatz der Allokation in BTC immer viel höher sein als der in ETH.
- Krypto-Investitionen können entweder gehalten werden, indem sie in Ihrer Wallet gespeichert werden, oder in DeFi oder CeFi verrentet werden. Die Verrentung Ihrer Krypto-Investitionen erhöht das Risiko Ihres Portfolios, daher wird empfohlen, dass Sie nicht mehr als 30 % Ihrer Krypto-Investitionen verrenten.
- Ein ausgewogenes Portfolio sollte Investitionen in risikoreiche Bereiche wie Kryptowährungen oder einzelne Aktien mit einem ‚Cash-Polster' ausgleichen. Dieses Cash-Polster besteht aus Bargeld oder höchstens sehr risikoarmen Vermögenswerten (Beispiel: Staatsanleihen aus sicheren Ländern) in einem Bereich von x1 bis x2 im Verhältnis zu risikoreichen Vermögenswerten, je nach Ihrer Risikotoleranz.
- Das Cash-Polster kann auch teilweise aus Stablecoins bestehen, die als Annuität auf dem DeFi oder CeFi angelegt werden können. Dieser Teil des Stablecoin-Bargeldpolsters sollte 30 % der gesamten Barmittel im Portfolio

nicht überschreiten. Ein Teil dieser Allokation in Stablecoins kann als Annuität auf DeFi und CeFi angelegt werden.

- Ein ausgewogenes Portfolio sollte in Abhängigkeit von den Marktzyklen und der globalen makroökonomischen Situation leicht anpassbar sein.

- Dollar-Cost-Averaging (DCA) ist der regelmäßige Kauf eines im Voraus festgelegten Betrags aller Vermögenswerte in einem Portfolio. Auf diese Weise investieren Sie mit einem durchschnittlichen Kaufpreis, der sich über mehrere Monate verteilt, und verringern so die Emotionalität, die durch die Wahl des falschen Zeitpunkts entstehen kann. Der am häufigsten verwendete Zeitraum ist der Monat, d. h. man kauft im monatlichen Turnus. Die DCA-Strategie ist optimal, wenn die Anzahl der Vermögenswerte im Portfolio so gering wie möglich gehalten wird.

- DCA kann nicht nur zur Anlage des Anfangskapitals, sondern auch zur regelmäßigen Anlage eines Teils der Ersparnisse verwendet werden. Diese zweite Art von DCA sollte über viele Jahre hinweg Bestand haben und zu einer ständigen gesunden finanziellen Gewohnheit werden.

- Der monatliche Anteil des DCA kann konstant sein oder von Monat zu Monat variieren, wobei auch der Bedarf an Portfolioumschichtungen und der Bargeldfluss berücksichtigt werden.

- Es ist sinnvoll, Ihr Anlageportfolio in regelmäßigen Abständen neu auszurichten. Eine Neugewichtung des Portfolios bedeutet, dass Sie monatlich (aber auch öfter als einmal im Monat) Ihre Vermögenswerte verkaufen und neue kaufen, damit das Portfolio wieder zu den ursprünglich gewählten Proportionen zurückkehren kann.

- Beachten Sie die folgenden Regeln, um Ihr Portfolio so effizient wie möglich umzuschichten:
  1. Streben Sie nicht nach Vollkommenheit im Verhältnis.
  2. Nutzen Sie den monatlichen DCA so oft wie möglich, um Ihr Portfolio neu zu gewichten.
  3. Unterscheiden Sie bei der Neugewichtung des Portfolios zwischen Sparten und Untersektionen.

- Natürlich verbietet Ihnen niemand, die Vermögensaufteilung Ihres Portfolios im Laufe der Zeit zu überprüfen. Im Gegenteil, es wird empfohlen, Ihre Vermögensaufteilung zu ändern, wenn sich neue Informationen über einen bestimmten Vermögenswert ergeben und/oder wenn sich die Situation auf den globalen Märkten oder die makroökonomischen Gleichgewichte ändern und/oder wenn sich Ihre Risikotoleranz ändert.

- Behalten Sie stets den Überblick über Ihr Portfolio, einschließlich der Änderungen und der Neugewichtung. Sie können dazu eine Excel-Datei oder spezielle Apps wie CoinStats oder Delta verwenden.

TEIL III: Wie man kurzfristig mit Kryptowährungen spekuliert, indem man Smart Money kopiert und die On-Chain-Analyse nutzt

Kapitel 7: Warnung vor Spekulationen mit Kryptowährungen

Wie viel können Sie beim Spekulieren mit Kryptowährungen verdienen und verlieren?

Wenn Sie die vorherigen Kapitel gelesen haben, sollten Sie den Unterschied zwischen Investition und Spekulation kennen. In diesem dritten Teil des Buches geht es um Spekulation und kurzfristigen Handel, ein Thema, das heute sehr in Mode ist, insbesondere wenn es um die Kryptoindustrie geht. Vielleicht haben Sie im Internet oder in den sozialen Medien Geschichten von Menschen gehört, die durch erfolgreiches kurzfristiges Trading mit Kryptowährungen 10-mal, 50-mal, 100-mal oder vielleicht mehr aus ihrer ursprünglichen gemacht haben (obwohl der Begriff ‚Investition' in diesem Zusammenhang nicht korrekt ist).

Wie viel kann man durch Spekulationen mit Kryptowährungen verdienen? Die Antwort ist: potenziell sehr viel. **Wenn Sie zum richtigen Zeitpunkt eine aufstrebende und/oder unterkapitalisierte Kryptowährung oder ein Token kaufen und verkaufen können, können Sie eine Rendite von 2-mal bis 100-mal (und sogar mehr) auf Ihren ursprünglichen Einsatz erzielen, indem Sie diesen Vermögenswert über einen Zeithorizont kaufen und verkaufen, der von einem Minimum von ein paar Tagen bis zu einem Maximum von ein paar Jahren reichen kann.** In der

Kryptosparte ist es keine Utopie, 2.000 USD auf einen Vermögenswert zu setzen und nach einem Jahr einen Gegenwert von 100.000 USD zu haben.

Von nun an werden wir nicht mehr den Begriff ‚Investition' benutzen, sondern ‚Glücksspiel' verwenden, um über diese Art von Aktivität zu sprechen. Es besteht also die Möglichkeit, durch das Zocken mit Kryptowährungen und Token viel Geld zu verdienen. Aber wie viel kann man verlieren? Wie Sie sich vorstellen können, handelt es sich hier um hochriskante Spekulationsgeschäfte; daher **können viele Ihrer Glücksspiele ins Leere laufen.** Bei der Spekulation, beim Glücksspiel, können Sie alles verlieren, was Sie gesetzt haben. Wie Sie sehen, ist das Szenario ganz anders als bei dem Anlageportfolio in Teil II des Buches. Mit Spekulationen kann man jedoch wirklich viel Geld verdienen, wenn man sie intelligent und strategisch einsetzt.

In Bärenmärkten kann das Spekulieren schwierig sein. In der Tat sind fast alle Altcoins von den durchschnittlichen Preistrends der Branche und dem BTC-Preis betroffen. Mein Rat ist, halten Sie durch. **Lösen Sie einen spekulativen Einsatz, den Sie eingegangen sind, nicht auf, nur weil der Preis während eines Bärenmarktes deutlich gefallen ist.** In Baissemärkten können sogar Vermögenswerte, die mit guten Projekten verbunden sind, erheblich fallen, aber diese werden die ersten sein, die sich stark erholen, wenn sich der Markt erholt.

Wie viel Geld sollte man für Spekulationen mit Kryptowährungen einsetzen?

Wie viel Geld sollten Sie für Spekulationen einsetzen? In diesem Fall sind die Leitlinien, die Sie jetzt lesen werden, völlig anders als die in Teil II in Bezug auf das Anlageportfolio. Die einzige Gemeinsamkeit mit Teil II ist der Cash Runway. **Bevor Sie mit einem Teil Ihres Geldes in Krypto spekulieren, müssen Sie unbedingt einen bestimmten Betrag an Bargeld beiseitelegen,** um für unvorhergesehene Ereignisse im Leben gewappnet zu sein, ähnlich wie bei den Investitionen. In früheren Kapiteln haben wir darüber gesprochen, wie man diesen Bargeldpuffer quantifizieren kann.

Sobald Ihre Ersparnisse diesen Puffer überschreiten, müssen Sie sich entscheiden, ob Sie Ihre überschüssigen Ersparnisse in ein Anlageportfolio oder in Spekulationen investieren wollen. Oder, warum nicht, in beides. **Im Gegensatz zum Anlageportfolio sollte die Spekulation mit Kryptowährungen jedoch ähnlich behandelt werden wie die Investition von Geld in ein Online-Unternehmen.** Wenn Sie versuchen, kurzfristig mit Kryptowährungen zu spekulieren, investieren Sie nicht in Finanzanlagen mit langfristigem Wert, sondern Sie versuchen, mit einem Online-Geschäft einen schnellen Gewinn zu erzielen. **Daher sollten Sie nicht Monat für Monat über DCA ‚investieren', sondern versuchen, Ihre Gewinne im Laufe der Zeit zu vervielfachen, beginnend mit einer gewissen Anfangsinvestition in das Geschäft. Diese Anfangsinvestition sollte mindestens 5.000 USD betragen.** Aber natürlich können Sie auch viel mehr für das Glücksspiel aufwenden. **Denken Sie daran: Es muss sich um Geld handeln, das Sie bereit sind zu verlieren, genauso wie wenn Sie es in ein anderes Online- oder Offline-Geschäft investieren würden.** Es kann ein unternehmerisches Abenteuer sein, das sowohl gut als auch schlecht ausgehen kann.

Der Mindestbetrag, den ich für jeden einzelnen spekulativen Handel empfehle, d. h. für jeden einzelnen Kauf eines Tokens oder einer Münze aus spekulativen Gründen, beträgt 500 USD. Eine meiner Regeln für Spekulationen ist es, so viel wie möglich zu diversifizieren. Wenn Sie beispielsweise 10.000 USD zur Verfügung haben, um in Glücksspiele zu investieren, wäre es eine gute Idee, im Laufe der Zeit zehn Token oder Coins zu kaufen, die Ihrer Meinung nach ein hohes Potenzial haben, und in jede davon 1.000 USD zu investieren.

Nehmen wir ein extremes Beispiel: Wenn von diesen zehn Vermögenswerten acht auf 0 sinken, aber zwei in einigen Monaten ein 10-mal höheres Ergebnis erreichen, haben Sie Ihr Startkapital in einigen Monaten verdoppelt. **Dies sind meine Grundlagen für das Glücksspiel: nicht weniger als 500 USD pro Handel investieren, so viel wie möglich diversifizieren und mit einem Mindestkapital von 5.000 USD beginnen.** 5.000 USD ist meiner Meinung nach das Mindestkapital, mit dem Sie Ihre Einsätze effektiv diversifizieren können, ohne unter 500 USD pro Einsatz zu gehen. Ich empfehle nicht, weniger als 500 USD pro Transaktion einzusetzen, da es meiner Meinung nach nicht sehr sinnvoll ist, viel Zeit in die Analyse eines Tokens zu investieren und dann ein paar Dollar darauf zu setzen. Aber wenn Sie nur sehr wenig Kapital zur Verfügung haben, können Sie natürlich unter diese Schwelle von 500 USD pro Einzeleinsatz gehen.

Seien Sie auch vorsichtig, wenn Sie mehrere Tausend USD pro Einsatz einsetzen. In Kapitel 4 haben wir darüber gesprochen, wie ein Handel in einer DEX mit einem gering kapitalisierten Vermögenswert den Börsenkurs stark beeinflussen kann, da ein solcher Handel den Pool erheblich aus dem Gleichgewicht bringen kann. **Wenn der Kaufauftrag im Verhältnis zur Gesamtliquidität des Pools sehr groß ist, entsteht ein großes Ungleichgewicht im Preis des Vermögenswerts, was die Durchführung der Transaktion unvorteilhaft macht.** Unsere Methodik basiert auf der Spekulation auf niedrig kapitalisierte Vermögenswerte. Genauer gesagt, schlage ich vor, auf Vermögenswerte mit einer Kapitalisierung von weniger als 200 Millionen USD zu setzen. Bei diesen Vermögenswerten kann bei vielen DEX eine Bestellung von mehreren Tausend USD einen Pool aus dem Gleichgewicht bringen, so dass es nicht günstig ist, sie zu kaufen.

Wie kann man sich davor schützen? **Bevor Sie ein Geschäft auf einer DEX bestätigen, sollten Sie immer die Preisauswirkungen Ihres Geschäfts prüfen. Diesen Parameter finden Sie bei jeder DEX, bevor Sie ein Geschäft bestätigen. Der Preiseinfluss ist gut, wenn er weniger als 3 % beträgt, ideal ist er, wenn er weniger als 1 % beträgt.** Wenn der Preiseinfluss mehr als 3 % beträgt, sollten Sie das Geschäft nicht auf dieser DEX abschließen. **Suchen Sie nach einer Alternative: Gibt es eine zuverlässige CEX, auf der Sie den Vermögenswert kaufen können? Gibt es eine andere DEX, auf der Sie den Vermögenswert kaufen können und der vielleicht einen liquideren Pool hat? Wenn Sie keine bessere CEX oder DEX finden können, sollten Sie einen kleineren Betrag in den Handel investieren.** Wenn Sie in Erwägung gezogen hatten, 20.000 USD in diesen Vermögenswert zu investieren, investieren Sie lediglich 10.000 USD. Sie werden sehen, dass sich der Preiseinfluss verbessern wird. **Außerdem können Sie Ihren Einsatz in zwei oder**

mehr verschiedene Transaktionen in verschiedene DEX aufteilen, um die Auswirkungen des Pool-Ungleichgewichts auf den durchschnittlichen Kaufpreis zu minimieren. Lassen Sie sich nicht vom Preiseinfluss zum Zeitpunkt des Kaufs täuschen, denn in diesem Fall machen Sie bereits zu Beginn einen Verlust. **Außerdem empfehle ich Ihnen, Ether als Startwert für den kurzfristigen Handel beizubehalten, sowohl weil Ether eine Gasgebühr ist als auch weil der Preiseinfluss oft geringer ist, wenn Sie mit Ether handeln, da dies der am häufigsten verwendete Wert in den DeFi-Pools ist.**

Bevor wir uns ansehen, wie man mit Hilfe der On-Chain-Analyse spekulieren kann, möchte ich Sie daran erinnern, dass Sie, wenn Sie über liquide Mittel verfügen, selbst entscheiden können, wie viel von Ihren Ersparnissen Sie in Ihr Anlageportfolio stecken und/oder wie viel von Ihren Ersparnissen Sie in diese spekulative Aktivität stecken, die, wie bereits erwähnt, mehr als eine Form der Investition ist, nämlich ein Online-Geschäft. Sie setzen also Ihre Ersparnisse ein, um ein Online-Geschäft zu gründen. Ob Sie dieses Geld für den einen oder den anderen Bereich verwenden oder ob Sie es auf beide Bereiche aufteilen, bleibt ganz Ihnen überlassen.

Zusammenfassung von Kapitel 7

- Wie viel können Sie durch Spekulationen mit Kryptowährungen verdienen? Die Antwort ist: potenziell sehr viel. Wenn Sie zum richtigen Zeitpunkt einen aufstrebenden und/oder unterkapitalisierten Coin oder Token kaufen und verkaufen können, können Sie eine Rendite von 2- bis 100-mal (und sogar mehr) auf Ihren ursprünglichen Einsatz erzielen, indem Sie diesen Vermögenswert über einen Zeithorizont kaufen und verkaufen, der von einem Minimum von ein paar Tagen bis zu einem Maximum von ein paar Jahren reichen kann.

- Viele Ihrer Geschäfte können jedoch auf null zurückgehen.

- Lösen Sie einen spekulativen Einsatz, den Sie abgeschlossen haben, nicht auf, nur weil der Kurs während einer Baisse stark gefallen ist.

- Bevor Sie einen Teil Ihres Geldes für Krypto-Glücksspiele einsetzen, sollten Sie einen bestimmten Geldbetrag als Cash Runway zur Seite legen.

- Im Gegensatz zum Anlageportfolio sollte die Spekulation mit Kryptowährungen ähnlich wie die Investition von Geld in ein Online-Geschäft behandelt werden. Daher sollten Sie nicht Monat für Monat nach dem DCA ‚investieren', sondern versuchen, Ihre Gewinne im Laufe der Zeit zu vervielfachen, ausgehend von einer bestimmten Anfangsinvestition in das Geschäft.

- Diese Erstinvestition muss mindestens 5.000 USD betragen. Denken Sie daran: Sie müssen bereit sein, dieses Geld zu verlieren, als ob Sie es in ein anderes Online-Geschäft investiert hätten. Es kann ein unternehmerisches Abenteuer sein, das sowohl gut als auch schlecht laufen kann.

- Dies sind meine Grundlagen für das Glücksspiel: nicht weniger als 500 USD pro Handel investieren, so viel wie möglich diversifizieren und mit einem Mindestkapital von 5.000 USD beginnen.
- Bevor Sie einen Handel auf einer DEX bestätigen, sollten Sie immer die Auswirkungen auf den Preis Ihres Handels prüfen. Denn wenn der Kaufauftrag im Vergleich zur Gesamtliquidität des Pools sehr groß ist, entsteht ein großes Ungleichgewicht im Preis des Vermögenswerts, was die Durchführung des Geschäfts unpraktisch macht. Der Preiseinfluss ist gut, wenn er weniger als 3 % beträgt, ideal ist er, wenn er weniger als 1 % beträgt.
- Wenn der Preiseinfluss, den Sie ablesen, mehr als 3 % beträgt, sollten Sie die Transaktion auf dieser DEX nicht durchführen. Suchen Sie nach einer Alternative: Gibt es eine zuverlässige CEX, auf der Sie den Vermögenswert kaufen können? Gibt es eine andere DEX, auf der Sie den Vermögenswert kaufen können und die vielleicht einen liquideren Pool hat? Wenn Sie keine bessere CEX oder DEX finden können, sollten Sie einen kleineren Betrag in den Handel investieren. Wenn Sie in Erwägung gezogen hatten, 20.000 USD in diesen Vermögenswert zu investieren, investieren Sie lediglich 10.000 USD. Sie werden sehen, dass sich der Preiseinfluss verbessern wird.
- Außerdem können Sie Ihren Einsatze in zwei oder mehr verschiedene Transaktionen in verschiedenen DEX aufteilen, um die Auswirkungen des Pool-Ungleichgewichts auf den durchschnittlichen Kaufpreis zu minimieren.
- Ich empfehle Ihnen, Ether als Startwert für den kurzfristigen Handel beizubehalten, zum einen, weil Ether eine Gasgebühr ist, zum anderen, weil die Auswirkungen auf den Preis oft geringer sind, wenn Sie mit Ether handeln, da es der in den DeFi-Pools am häufigsten verwendete Wert ist.

Kapitel 8: On-Chain-Analyse und der Crypto Go 5-Schritte-Ansatz zum Spekulieren durch Kopieren des Smart Money

On-Chain-Analyse

Unsere in diesem Kapitel dargelegte Kryptowährungsspekulationsstrategie basiert, wie Sie bereits wissen, auf der On-Chain-Analyse. Aber was ist diese On-Chain-Analyse eigentlich?

Die On-Chain-Analyse ist eine Forschungsmethode, die die öffentlichen Informationen, die in Blockchains zu lesen sind, nutzt, um Investoren und Spekulanten bei der Wahl ihrer Investitions- und Spekulationsstrategien zu unterstützen. Die On-Chain-Analyse sammelt und untersucht die in Blockchains verfügbaren Daten, um uns dabei zu helfen, die richtigen Entscheidungen hinsichtlich des Ein- und Ausstiegszeitpunkts bei einem bestimmten Krypto-Asset zu treffen. Sie sollten inzwischen wissen, dass alle Transaktionen, die auf einer bestimmten Blockchain stattfinden, öffentlich und für jeden sichtbar sind. Jeder kann zum Beispiel die Details einer Transaktion auf einer Chain sehen, die Versand- und Empfangsadressen, welche Vermögenswerte in welcher Höhe übertragen wurden, die erhobenen Gebühren und sogar die an einer bestimmten Adresse vorhandenen Mittel.

Aber Sie können noch mehr tun: Sie können auch sehen, welche Wallets in den letzten Monaten besonders gewinnbringende Geschäfte getätigt haben. Und diese kopieren. Dies ist ein wichtiger Punkt in der Strategie, die ich Ihnen gleich erläutern werde. Die On-Chain-Analyse ermöglicht es Ihnen, praktisch in Echtzeit zu sehen, was die Wale der Kryptoindustrie tun, d. h. die Inhaber/Käufer/Verkäufer großer Mengen bestimmter Kryptowährungen und Token, die einen großen Einfluss auf die Preisbewegungen haben. **Noch besser ist, dass Sie sehen können, was die sogenannten Smart Money (SM) Wale tun, das sind die Krypto-Wale, die in den letzten Monaten eine beneidenswerte Erfolgsbilanz bei hochprofitablen Geschäften vorweisen können.**

Denken Sie darüber nach: Das ist eine Revolution. In der traditionellen Finanzwelt kann man nicht erfahren, was die großen institutionellen Anleger tun. Wenn man nicht weiß, was sie tun, kann man sie auch nicht kopieren. Es ist nicht leicht, herauszufinden, wer in der traditionellen Finanzwelt die Unternehmen sind, die nachweislich große Gewinne aus spekulativen Geschäften erzielen. In der Kryptoindustrie hingegen kann man all das sehen. Sie können sehen, welches die klugen Wallets sind, und ihre Bewegungen kopieren. Rein und raus. Wenn diese Investoren oder Spekulanten große Mengen eines bestimmten Tokens oder Coins zu einem bestimmten Zeitpunkt kaufen und verkaufen und in den letzten Monaten sehr erfolgreich gehandelt haben, wissen diese Menschen vielleicht etwas, was wir nicht wissen, oder sie nutzen einfach eine sehr hochwertige Strategie. Es ist eine wirklich gute Idee, ihre Schritte zu kopieren, meinen Sie nicht auch?

Sie können alles oder fast alles über sie in Erfahrung bringen: Was sie kaufen, wann sie es kaufen, wann sie es verkaufen, was sie in ihrer Wallet haben, welche Geschäfte sie machen und vieles mehr. Das Einzige, was Sie nicht immer sehen können, sind ihre Namen, d. h. wem die Wallet gehört (obwohl auch diese Information manchmal öffentlich ist). Aber es ist nicht wichtig, den Vor- und Nachnamen des Smart Money zu kennen. Uns ist nur wichtig, dass die Wallets, die wir kopieren, von Smart Money stammen, also von Händlern oder Anlegern, die in der jüngeren Vergangenheit nachweislich mit hohen Gewinnen gehandelt haben.

Es bleibt nur ein Problem: Wie kann man diese Daten sehen? Es ist in der Tat richtig, dass alle diese Daten öffentlich sind. Aber es ist auch wahr, dass nicht jeder die Werkzeuge hat, um solche Daten zu lesen, weil sie nur durch die Analyse der Smart Contracts einer Blockchain sichtbar sind. Um diese Daten selbstständig lesen zu können, muss man die Codestücke verstehen, die der analysierten Blockchain zugrunde liegen. Und dazu ist der durchschnittliche Nutzer sicherlich nicht in der Lage. **Glücklicherweise gibt es einige Plattformen, die diese Daten aus den Blockchains übernehmen, sie organisieren und sie dem normalen Nutzer in Form von Dashboards zur Verfügung stellen, die leicht zu lesen sind. Diese Tools werden als ‚On-Chain-Analyse-Tools' bezeichnet und sind einfache Websites. Natürlich müssen Sie eine monatliche Gebühr zahlen, um die Erkenntnisse aus diesen Tools abzurufen.** Mit diesen Tools können Sie Dashboards mit allen Daten abrufen, die Sie benötigen, um zu verstehen, was Smart Money tut.

Ich hoffe, Sie verstehen das große Potenzial der Spekulation in der Kryptowelt durch die Nutzung der On-Chain-Analyse. Noch nie in der Geschichte der Finanzwelt gab es eine so interessante Art zu spekulieren, indem Sie die Operationen von sehr großen Akteuren mit einer nachgewiesenen Geschichte erfolgreicher Geschäfte in Echtzeit kopieren. Ich glaube, dass dies eine Revolution darstellt, die wir alle nutzen können. Aber Vorsicht: Wie Sie in der 5-Schritte-Strategie, die ich in den nächsten Kapiteln erläutern werde, sehen werden, empfehle ich nicht, dieses Smart-Money-Trading blind zu kopieren. Im Gegenteil, ich empfehle Ihnen, ihre Züge als Ausgangspunkt zu verwenden und dann Ihre eigene Analyse der Token oder Coins durchzuführen, die Sie bei diesen Akteuren entdecken, um Ihre eigenen Schlussfolgerungen zu ziehen. Lassen Sie uns nun sehen, wie man das im Detail angeht.

Welches On-Chain-Analyse-Tool soll verwendet werden?

Welches ist das beste On-Chain-Analyse-Tool? Es gibt ein paar gute Tools, die diese Art von Dienstleistung anbieten. Unter ihnen empfehle ich Ihnen das branchenführende Tool, das einem der am schnellsten wachsenden Kryptounternehmen in der gesamten Branche gehört. Das sollte nicht überraschen, denn die Fähigkeit dieser Anwendung, Bewegungen auf dem Smart-Money-Markt zu extrapolieren und, was noch wichtiger ist, sie für Kunden einfach und sogar angenehm lesbar zu machen, ist wirklich außergewöhnlich.

Ich spreche von Nansen. Weitere Informationen finden Sie unter dem folgenden Link oder indem Sie den QR-Code mit Ihrem Smartphone scannen: https://www.thecryptogo.com/nansen/.

Hinweis: Überstürzen Sie nichts, indem Sie Nansen sofort abonnieren! Ich empfehle Ihnen dringend, bis zum Ende dieses Buches zu warten, denn es wird noch einige große Überraschungen für Sie geben. Wenn Sie sich dazu entschließen, Nansen zu abonnieren, bitte ich Sie jedoch, **einen der Links auf der oben genannten Webseite zu verwenden.** Es handelt sich hierbei um Crypto Go Affiliate Links. Wenn Sie das Abonnement über einen solchen Link abschließen, erhalten wir eine kleine Gebühr, während es Sie nichts kostet. Auf diese Weise helfen Sie uns, die Erstellung weiterer wertvoller Inhalte zu finanzieren. Wir danken Ihnen im Voraus!

Der 5-Schritte-Ansatz von Crypto Go

Nachstehend erhalten Sie zunächst einen Überblick über diese fünf Schritte, die ich in den nächsten Abschnitten näher erläutern werde.

1. **Identifizieren.** Diese Phase findet auf Nansen statt. In dieser Phase finden wir heraus, welche Token und Coins von Smart Money (SM) in den letzten 24 Stunden am meisten gekauft wurden. Sobald wir einen dieser Vermögenswerte ausgewählt haben, beginnt die Due-Diligence-Phase.

2. **Fundamentalanalyse oder Due Diligence außerhalb von Nansen.** In dieser Phase führen wir außerhalb von Nansen eine Fundamentalanalyse des gewählten Tokens oder des Coins durch, um zu verstehen, worum es sich

bei dem Projekt handelt, und um die Güte dieses Projekts zu bewerten. In dieser Phase überptüfen wir, ob der betreffende Vermögenswert für unsere spekulativen Zwecke interessant sein könnte.

3. **On-Chain-Analyse oder Due-Diligence-Prüfung innerhalb von Nansen.** In dieser Phase kehren wir zu Nansen zurück, um die Daten und Informationen zu analysieren, die wir in der Blockchain über den ausgewählten Vermögenswert finden. Diese Daten und Informationen können unser Interesse an dem Vermögenswert bestätigen oder auch nicht.

4. **Kauf.** Wenn beide Due-Diligence-Prüfungen erfolgreich sind, wird der Coin oder das Token zu Spekulationszwecken erworben.

5. **Ausstieg.** Wir entscheiden, wie und wann wir den spekulativen Handel beenden.

Schritt 1: Identifizieren

Unser Startpunkt befindet sich in Nansen. **Dieser erste Schritt ist schnell gemacht, denn er besteht aus der Abfrage, welche Token und Coins Smart Money in den letzten 24 Stunden gekauft hat. Einer oder mehrere dieser Vermögenswerte werden dann in den Due-Diligence-Phasen analysiert.**

Jetzt wird's praktisch. Sobald Sie Ihr Abonnement auf Nansen aktiviert haben, klicken Sie in der linken Leiste auf ‚Home'. **Konzentrieren Sie sich nun auf die Registerkarte ‚Smart Money Token Inflow'.** Hier finden Sie eine absteigend sortierte Liste der Vermögenswerte, die in den letzten 24 Stunden am häufigsten von SM gekauft wurden. Außerdem finden Sie die relativen Dollarbeträge der Gesamtkäufe dieser Vermögenswerte. Abbildung 1 zeigt ein Beispiel für die Registerkarte ‚Smart Money Token Inflow' auf Nansen.

Abbildung 1: Beispiel für die Registerkarte ‚Smart Money Token Inflow' auf Nansen

Quelle: Nansen. Das Bild dient nur zu Demonstrationszwecken und stellt keine Anlageberatung dar.

In diesem Beispiel, das nur zu Bildungszwecken gezeigt wird, sehen wir, dass der erste Vermögenswert auf der Liste BLXM ist, der in den letzten 24 Stunden einen Gesamtzufluss von 18.926 USD von SM aufweist. **Wir beginnen daher mit der Due-Diligence-Prüfung dieses Vermögenswerts.** Wenn die Due Diligence negativ ausfällt und wir beschließen, keinen spekulativen Handel mit diesem Vermögenswert zu eröffnen, können wir in absteigender Reihenfolge mit der Analyse der weiteren Vermögenswerte auf der Liste fortfahren. Oder, wenn wir nach mehr als einem Vermögenswert suchen, auf den wir spekulieren können, können wir mit der Analyse der anderen Vermögenswerte fortfahren, selbst, wenn wir uns für den Kauf von BLXM entscheiden. Es bleibt Ihnen überlassen, wie viele Werte Sie analysieren wollen, aber denken Sie daran, dass sich diese Liste jeden Tag ändert; daher besteht jeden Tag die Möglichkeit, potenziell interessante neue Werte an der Spitze dieser Liste zu analysieren.

Schritt 2: Fundamentalanalyse oder Due Diligence außerhalb von Nansen

Eine Due-Diligence-Prüfung bedeutet, dass wir uns informieren und die Güte des Krypto-Projekts, auf das wir spekulieren wollen, durch den Kauf des Tokens oder des Coins, die mit diesem Projekt verbunden sind, bewerten. Bei dieser ersten Due-Diligence-Prüfung treffen wir unsere Einschätzungen unabhängig von den Daten, die wir auf der Blockchain sehen können, also auf Nansen. Wir können diese Art der Due Diligence als ‚Fundamentalanalyse' bezeichnen.

Warum müssen wir die Güte eines Projekts analysieren, wenn wir nur mit dem Token oder dem Coin spekulieren wollen, die mit dem Projekt verbunden sind? **Erstens ist es nicht unbedingt so, dass all diese Arbeit dazu führt, einen Vermögenswert zu identifizieren, mit dem wir ‚nur' spekulieren wollen.** Wenn nämlich beide Due-Diligence-Prüfungen besonders gut verlaufen und Sie glauben, ein Juwel entdeckt zu haben, ein Projekt, das unterkapitalisiert ist, aber ein sehr hohes Zukunftspotenzial hat, können Sie beschließen, in dieses Projekt zu investieren und es in Ihr Anlageportfolio aufzunehmen, allerdings mit den in Teil II des Buches erläuterten Einschränkungen.

Aber selbst, wenn Sie zu dem Schluss kommen, dass der Token langfristig kein Projekt von großem intrinsischen Wert darstellt, rate ich davon ab, mit einem Token zu spekulieren, wenn Sie feststellen, dass das Projekt dahinter schlecht ist. Selbst wenn dieser Vermögenswert von SM gekauft wird. Aus diesem Grund ist eine eigene Fundamentalanalyse unerlässlich. **Sie sollten nur mit Token oder Coins spekulieren, die mit Projekten verbunden sind, die Sie für gut, interessant, vielleicht nicht außergewöhnlich und mit einigen Schwächen, aber nicht nutzlos, trivial oder gar betrügerisch halten.** Ich rate dringend davon ab, auf sehr schlechte Projekte zu spekulieren, wie Memecoins oder andere ähnliche Shitcoin-Projekte. **Spekulieren sollte man mit interessanten Projekten.**

Zurück zur Praxis. Wie führt man eine Fundamentalanalyse durch? Es gibt viele Faktoren zu erforschen, zu konsultieren und zu beurteilen. Ich habe versucht, sie in den folgenden neun Punkten zusammenzufassen.

1. <u>Preis, Volumina, Kette, Marktkapitalisierung, FDMC, Angebot, Notierung</u>

Zunächst müssen Sie sich auf die Suche nach Informationen über den zu analysierenden Vermögenswert auf den zwei branchenführenden Websites zur Datenaggregation von Token und Coins begeben. Diese beiden Websites sind:

- **CoinMarketCap: https://coinmarketcap.com/.**
- **CoinGecko: https://www.coingecko.com/.**

Auf diesen beiden Websites können Sie die folgenden Daten und Informationen finden und einsehen:

- **Preis.** Schauen Sie sich zunächst das Preisdiagramm des Vermögenswerts an, um seine Preisentwicklung in den letzten Wochen und Monaten zu sehen.

- **Volumina.** Schauen Sie sich dann die Handelsvolumina der letzten Monate an; Sie finden sie am unteren Rand des Preisdiagramms. Je höher die Volumina sind, desto mehr Menschen haben mit diesem Vermögenswert gehandelt oder handeln mit ihm. Wenn die Volumina der letzten 24 Stunden sehr niedrig sind, macht der von Ihnen abgelesene Kurs möglicherweise nicht viel Sinn, da er sehr leicht umkippen kann. Wenn das aktuelle Handelsvolumen beispielsweise 10.000 USD beträgt, kann ein Auftrag über 10.000 USD den angezeigten Kurs völlig verfälschen. Hüten Sie sich also davor, einen Vermögenswert zu kaufen, bei dem das Volumen der letzten 24 Stunden sehr niedrig ist.

- **Blockchain.** Ermitteln Sie die Blockchain, zu der der Token gehört. Ethereum? Avalanche? Oder ist der Vermögenswert ein Layer-1-Coin?

- **Marktkapitalisierung (MC).** Die Marktkapitalisierung ist der USD-Wert der Gesamtzahl der im Umlauf befindlichen Coins. Wenn der Preis eines Kryptowertes beispielsweise 100 USD beträgt und 10 Münzen dieses Wertes im Umlauf sind, dann entspricht die Marktkapitalisierung 100*10 = 1.000 USD. Die Marktkapitalisierung ist ein sehr wichtiger Wert für das Verständnis der Größe eines Krypto-Projekts. Je höher die Marktkapitalisierung, desto reifer und verbreiteter ist das Projekt. Wie Sie sich denken können, sind die Projekte mit der höchsten Marktkapitalisierung BTC und ETH. Beachten Sie, dass die Marktkapitalisierung umso mehr zunimmt, je mehr der Preis eines Vermögenswerts steigt. Wenn die Anzahl der im Umlauf befindlichen Coins steigt, kann die Marktkapitalisierung auch dann zunehmen, wenn der Preis fällt oder konstant bleibt. Sehen Sie sich die Grafik zur Entwicklung der Marktkapitalisierung in den letzten Monaten sowie die aktuelle Marktkapitalisierung an. Wenn das Volumen eines Tokens sehr gering ist, macht nicht nur der Preis, sondern auch die Marktkapitalisierung wenig Sinn, da sie vom Preis abhängt. **In meiner Spekulationsstrategie konzentriere ich mich auf Token oder Coins mit niedrigem MC, normalerweise unter 200 Millionen USD. Das liegt daran, dass es aus der Sicht des Glücksspiels ideal ist, in kleine Projekte mit einer Marktkapitalisierung von weniger als 200 Millionen USD einzusteigen, um dann auszusteigen, wenn sie größer und verbreiteter werden, d. h., wenn sie eine Marktkapitalisierung von mindestens 500-600 Millionen USD überschreiten.** Wenn ein Projekt erfolgreich ist, sollte sich der entsprechende Token weiterverbreiten und die Marktkapitalisierung entsprechend steigen. Das kann manchmal nur wenige Monate oder Jahre dauern, wenn Sie gut spekulieren. Hüten Sie sich jedoch vor dem Kauf von Vermögenswerten mit einer Marktkapitalisierung von weniger als 50 Millionen USD: Sie können eine erfolgreiches Glücksspiel sein, aber das Risiko, das Sie eingehen, ist ein wenig höher.

- **Vollständig verwässerte Marktkapitalisierung (FDMC).** Die FDMC gibt an, wie hoch der Gesamtwert einer Kryptowährung wäre, wenn sich alle Coins im Umlauf befänden, die jemals existieren können. Es kann nämlich sein, dass zum jetzigen Zeitpunkt nicht alle Coins einer Kryptowährung im Markt sind. Das aktuelle Angebot eines Kryptowertes (zirkulierendes Angebot), d. h. die Anzahl der derzeit auf dem Markt befindlichen Coins, unterscheidet sich fast immer vom endgültigen Angebot (maximales Angebot), d. h. der Gesamtzahl der Coins, die das Projekt in den nächsten Jahren auf den Markt bringen will. Wie Sie wissen, ist sogar das derzeitige Angebot von BTC geringer als sein maximales Angebot, das in etwa 100 Jahren bei 21 Millionen zirkulierenden Bitcoins liegen wird. In der Tat ist es oft so, dass ein Projektteam in der Anfangsphase einen gewissen Vorrat an Assets auf den Markt bringt und dann im Laufe der Jahre neue Coins nachschiebt. Der FDMC sagt uns also, wie hoch die Marktkapitalisierung zum aktuellen Preis wäre, wenn alle für die Zukunft erwarteten Coins bereits auf dem Markt zirkulieren würden. Wenn die beiden Werte übereinstimmen, sind alle Coins bereits im Umlauf. Ist der **FDMC hingegen höher als die Marktobergrenze, wird das Angebot in Zukunft steigen. Eine rote Flagge ist es, wenn MC und FDMC sehr stark voneinander abweichen. Ich spreche von einer starken Divergenz, wenn der FDMC mehr als 7- bis 8-mal höher ist als der aktuelle MC.** Wenn der aktuelle MC beispielsweise 50 Millionen beträgt und der FDMC 500 Millionen (der FDMC ist also 10-mal so hoch wie der MC), ist das kein gutes Zeichen.

- **Umlaufendes Angebot.** Dies ist die Anzahl der heute im Umlauf befindlichen Coins. Wie Sie bereits wissen, ist das zirkulierende Angebot*Preis = Marktkapitalisierung.

- **Maximales Angebot.** Dies ist die maximale Anzahl der umlaufenden Coins, die es in Zukunft geben kann. Wie Sie bereits wissen, gilt: Maximalangebot*Preis = FDMC.

- **Gesamtangebot.** Dabei handelt es sich um die maximale Anzahl von Coins, die in Zukunft im Umlauf sein werden, abzüglich der Coins, die verbrannt wurden. Wir werden in den nächsten Abschnitten über die Coin-Verbrennung sprechen.

- **Auflistung.** Das bedeutet, dass Sie sehen können, wo das Token gelistet ist. Dies ist eine wichtige Information. Es ist ein positives Zeichen, wenn der Token in vielen wichtigen zentralen Börsen gelistet ist. Edelsteine mit niedrigem MC sind jedoch oft nicht an einer zentralen Börse gelistet.

2. Quellen für die Suche nach Informationen und Fragen, die Sie selbst stellen können

In diesem zweiten Schritt müssen Sie qualitative Informationen über das Projekt recherchieren. **Hier stelle ich einige Internetquellen vor, die Sie konsultieren können:**

- **Offizielle Projekt-Website.** Auf der offiziellen Projektwebseite finden Sie Whitepaper, Litepaper, Docs und Smart Contract Audits. Wir besprechen diese im Detail im nächsten Abschnitt.
- **https://cointelegraph.com/.** Es ist ein unabhängiges Informationsportal, das zu den wichtigsten in der Kryptoindustrie gehört.
- **https://www.coindesk.com/.** Es ist ein unabhängiges Informationsportal, das sich auch auf den Kryptosektor spezialisiert hat.
- **https://messari.io/.** Plattform, auf der Sie Informationen und Analysen von unabhängigen Fachleuten zu vielen Projekten der Branche finden können.
- **https://defillama.com/.** Informationsportal für DeFi-Projekte. Es ist besonders nützlich für die Abfrage von Daten zum Total Value Locked (TVL) eines Projekts. Wir werden in Kürze über TVL sprechen.
- **https://tokenterminal.com/.** Informationsportal, auf dem Sie Analysen und Daten zu verschiedenen DeFi-Projekten finden können.
- **https://medium.com/.** Blogging-Plattform, die von vielen Projektteams der Industrie genutzt wird, um informative Artikel über ihre Projekte zu verbreiten.
- **Twitter/X.** Es ist das führende soziale Netzwerk in der Kryptoindustrie. Es ist immer eine gute Idee, auf Twitter/X nach Informationen über ein Projekt zu suchen.
- **Discord.** Diese soziale Plattform wird häufig von Krypto-Projektteams genutzt, um direkt mit ihren Gemeinschaften zu sprechen. Wenn Sie nicht wissen, wie man es benutzt, achten Sie auf Betrugsversuche, die in diesem sozialen Netzwerk sehr häufig vorkommen: Klicken Sie niemals auf Links in Discord.
- **Telegram.** Sie können auch ausgezeichnete Informationskanäle auf Telegram finden, wo über das Projekt gesprochen wird, das Sie gerade analysieren.
- **Risikokapitalgeber aus der Industrie (VCs).** Sie können ausgezeichnete kostenlose Recherchen von VCs aus der Branche finden, insbesondere auf deren Blogs oder Websites. Natürlich finden Sie dort nur Informationen über die Projekte, in die sie investieren. Einige große Namen in der Branche sind Coinbase VC, a16z, Hashed und Paradigm.

Durch die Konsultation dieser Quellen können Sie viele wichtige Informationen und aktuelle Nachrichten über das Projekt, das Sie analysieren, finden.

Ich rate Ihnen, diese Quellen zu konsultieren und sich dabei einige Fragen zu stellen, die Sie versuchen sollten zu beantworten. Ich gebe alle diese Fragen im

Folgenden wieder. Machen Sie sich keine Sorgen, wenn Ihnen etwas unklar ist, wir werden in den nächsten Abschnitten auf einige technischere Konzepte eingehen.

- **Was macht das Projekt anders als andere? Was ist der Zweck des Projekts?**
- **Wie wird der Token erstellt? Wie wird der Bestand des Tokens verteilt? Wofür wird der Token verwendet? Handelt es sich um ein Utility-Token oder nicht? Sind das Projekt und der Token miteinander verbunden?** Sie müssen nicht nur verstehen, wie ein Token erstellt und sein Bestand verteilt wird, sondern auch, ob und wie das Projekt und der Token miteinander verbunden sind. Wenn ein Token nicht mit dem Projekt verknüpft ist, muss der Token nicht unbedingt im Preis steigen, selbst wenn sich das Projekt gut entwickelt. Sie müssen herausfinden, ob der Token für das Projekt nützlich ist (es handelt sich also um einen Utility-Token) oder nicht. Wenn es keinen Nutzen des Tokens gibt, ist das ein rotes Tuch. Um ein extremes Beispiel zu nennen: Ether ist eindeutig ein Utility-Token im Ethereum-Projekt: Er dient als Gasgebühr. Aber Industrie-Token sind nicht immer nützlich für die mit ihnen verbundenen Projekte.
- **Gibt es eine echte Regierungsgewalt oder besitzen einige wenige Personen fast alle umlaufenden Coins?** Mehr dazu in Kürze.
- **Wie entwickelt sich die Total Value Locked (TVL)? Gibt es eine Dynamik des Söldnerkapitals?** Mehr dazu in Kürze.
- **Wie wird die APY ausgezahlt?** Wenn Sie ein DeFi-Projekt analysieren, kann der Token mit einer DeFi-Plattform verbunden sein, die Lösungen zur Verrentung von Krypto-Investitionen anbietet. Wir haben einige Arten solcher Annuitäten in früheren Kapiteln erwähnt. Wenn dies der Fall ist, sollten Sie versuchen zu ergründen, welche Mechanismen hinter der Erstellung dieser APY stehen. Vor allem sollten Sie versuchen herauszufinden, ob diese Mechanismen im Laufe der Zeit nachhaltig sind oder nicht. Wenn das Projekt auf intransparente, unklare oder - schlimmer noch - eindeutig betrügerische Weise hohe APY anbietet, sollten die Alarmglocken schrillen.
- **Wie lauten die Unverfallbarkeitsregeln für die Erstinvestoren und das Projektteam? Besteht das Risiko von Cliff Events, und wann könnten diese auftreten? Wie lauten die Regeln für das Brennen und den Rückkauf des Tokens?** Mehr dazu in Kürze.
- **Wie sieht die Vorgeschichte des Projekts aus? Gab es in der Vergangenheit irgendwelche großen Fehler?**
- **Aus wem besteht das Projektteam? Welchen Ruf haben die Mitglieder des Projektteams? Sprechen sie über den Preis des Tokens oder über den Nutzen des Projekts? Welche Art von Sprache verwenden sie? Gibt**

es einen souveränen Anführer? Wie wird die Projektkasse geschützt? Mehr dazu in Kürze.

- **Gibt es ein großes Risikokapital, das in das Projekt investiert hat?**

Wenn Sie Antworten auf diese Fragen finden, werden Sie auch die ‚Tokenomics' des Projekts verstehen. Dieser Begriff bezieht sich auf alle Faktoren, die sich auf die Verwendung und den Wert des mit einem Krypto-Projekt verbundenen Vermögenswerts auswirken, wie z. B. die Art und Weise, wie der Token erstellt wird, wie er verteilt wird, welche Informationen er liefert, welche Rolle der Token im Projekt spielt und welche Regeln für das Vesting, das Brennen und den Rückkauf gelten.

Schließlich sollten Sie bedenken, dass das Risiko umso geringer ist, je mehr detaillierte Informationen Sie online über ein Projekt finden. Je unbekannter und jünger ein Projekt ist, desto größer ist das Risiko.

3. <u>Projekt-Website, Whitepaper, Litepaper, Dokumente und Smart Contract Audits</u>

Auf der offiziellen Website des von Ihnen analysierten Projekts müssen Sie die folgenden Quellen finden und konsultieren:

- **Whitepaper und Litepaper.** Das Whitepaper ist das technische Dokument, das von einem Unternehmen veröffentlicht wird, um das von ihm verfolgte Krypto-Projekt zu beschreiben. Oft gibt es neben dem Whitepaper auch das Litepaper, eine kürzere Version, die in einer verständlicheren Sprache als das Whitepaper verfasst ist. Das Whitepaper ist eigentlich ein technisches Dokument, in dem Fachsprache verwendet wird. Ein Whitepaper enthält in der Regel eine Zusammenfassung, die den Inhalt darlegt. Lesen Sie das Whitepaper kritisch; denken Sie daran, dass es sich um ein technisches, wissenschaftliches Dokument handeln muss. Wenn Sie kein Experte sind, müssen Sie das Gefühl haben, dass Sie es nicht ganz verstehen, weil sich die Informationen im Whitepaper an Experten richten. Das Projekt kann ungeeignet sein, wenn es einfach, trivial und/oder schlecht geschrieben ist. Stellen Sie außerdem sicher, dass es sich nicht um ein kopiertes Whitepaper handelt. Kopieren Sie Teile daraus und fügen Sie sie in Google ein. Wenn ein anderes Whitepaper im Internet auftaucht, bedeutet das, dass es sich um ein kopiertes Whitepaper handelt (versuchen Sie herauszufinden, wer wen kopiert hat).

- **Dokumente.** Docs sind die Weiterentwicklung des Whitepaper-Konzepts. Viele DeFi-Projekte haben kein Whitepaper mehr, dafür haben sie Docs. Der Grund dafür ist, dass sich DeFi-Projekte oft zu schnell weiterentwickeln, so dass es unpraktisch wird, das Whitepaper zu oft zu ändern. Docs sind beschreibende Inhalte über das Projekt, die auf der offiziellen Website des Projekts online gestellt werden und alle Informationen über das Projekt offenlegen. Bei den Dokumenten wird oft unterschieden zwischen solchen, die für die breite Öffentlichkeit leichter zu verstehen sind, und solchen, die eher technischer Natur sind. Die Dokumente dienen sowohl den Nutzern, um zu verstehen, wie die DeFi-Plattform zu verwenden ist, als auch den Investoren/Spekulanten, um zu verstehen, ob sie den damit verbundenen Token kaufen sollten. In den Dokumenten finden Sie zum Beispiel Informationen darüber, wie der Token erstellt und verteilt wird und wie das Angebot aussieht. Bei der Bewertung der Dokumente gelten die gleichen Regeln wie für das Whitepaper: Wenn die Dokumente zu knapp, trivial, einfach oder schlecht geschrieben sind, ist das Projekt möglicherweise von geringem Wert.

- **Smart-Contract-Audits.** Normalerweise lassen die besten Projekte der Branche ihre Smart Contracts von spezialisierten Unternehmen prüfen. Einige Projekte veröffentlichen diese Audits dann unter dem Titel ‚Smart Contract Audits'. Studieren Sie diese Audits sorgfältig: Darin könnte eine negative Meinung über das Protokoll abgeben werden, oder schlimmer noch, es können gefälschte Audits sein. Die besten Protokolle lassen diese Art von Audits in regelmäßigen Abständen durchführen. Eines der besten Unternehmen für die Prüfung von Smart Contracts ist ConsenSys, aber es gibt noch viele andere. Sie sollten immer den Online-Ruf des Unternehmens prüfen, das die Audits verfasst hat, und den Inhalt dieser Audits lesen.

4. Governance

Warum erstellen alle DApps von DeFi ihre eigenen Token, obwohl diese Token keinen Nutzen für das Projekt haben? Der ursprüngliche Grund war, einen Governance-Mechanismus zu schaffen. In der Tat haben normalerweise alle Nutzer, die den Token einer bestimmten DApp besitzen, ein Stimmrecht über dessen Entwicklung. Die Idee war also, Projekte zu schaffen, die so dezentral wie möglich sind und bei denen alle Nutzer gemeinsam, als Gemeinschaft, Entscheidungen über die Zukunft des Projekts treffen. In der Praxis funktioniert der Governance-Mechanismus in DApps jedoch fast nie.

Viele DeFi-Projekte nutzen nämlich den Vorwand, ihren eigenen Governance-Token zu schaffen, um ihn in der Frühphase des Projekts an privilegierte Investoren zu verkaufen und damit viel Geld zu verdienen. **Versuchen Sie also, den wahren Grad der Governance des von Ihnen in Betracht gezogenen DeFi-Projekts zu verstehen.** Prüfen Sie auf der DApp, ob die Gemeinschaft Vorschläge macht und die Token-Inhaber abstimmen. Prüfen Sie, wie viele Nutzer den Vermögenswert besitzen und wie viele Coins sich in den größten Wallets befinden. Wenn 80 % des Token-Bestands in einer einzigen Wallet liegen und das Projektteam behauptet, das Projekt sei sehr dezentral verwaltet, ist das ein Witz.

Bei Projekten mit echter Governance, die in der Branche sehr selten sind, ist das Angebot zwangsläufig auf viele verschiedene Wallets verteilt. Beachten Sie jedoch: Es ist unwahrscheinlich, dass Sie ein unterkapitalisiertes Juwel mit sehr dezentraler Führung finden. In der Anfangsphase eines Krypto-Projekts ist es normal, dass einige wenige Wallets den Großteil der umlaufenden Coins besitzen. **Versuchen Sie jedoch zu ergründen, wie die Mitglieder des Projektteams dieses Problem angehen**: Lügen sie oder geben sie zu, dass die Governance derzeit nicht sehr dezentralisiert ist, sie aber planen, sie in Zukunft zu verbessern? Und wenn sie sagen, dass sich die Verwaltung in Zukunft verbessern wird, wie wollen sie das erreichen? Beurteilen Sie, kurz gesagt, wie das Projektteam an diese Frage herangeht, ob aufrichtig und ausgewogen oder unehrlich.

5. Total Value Locked (TVL), Mercenary Capitals, Mechanismen hinter der APY

Total Value Locked (TVL) ist der Gesamtbetrag in USD der auf einer bestimmten Blockchain oder DApp ‚gesperrten' Coin. Gesperrte Coins sind Münzen, die sich auf einer Blockchain oder DApp in der Annuität befinden, z. B. Coins, die Liquiditätsanbieter in Liquiditätspools platzieren. Die TVL-Analyse kann entweder auf Blockchain-Ebene durchgeführt werden, d. h. auf der Ebene aller gesperrten und verrenteten Münzen in allen DApps, die auf einer bestimmten Blockchain basieren, oder auf der Ebene der einzelnen DApps, wenn es nur um die mit dieser DApp verbundenen Vermögenswerte geht.

Die TVL-Analyse ist nützlich, um die Bewegungen des sogenannten ‚Söldnerkapitals' zu beurteilen. Zu Beginn bieten neue Blockchains und/oder DApps denjenigen, die Liquidität auf ihnen einzahlen, hohe APY an, was oft Krypto-Wale anzieht, die viel Geld einzahlen und daraus hohe Renditen genießen. Wenn diese anfängliche Phase der Euphorie vorbei ist und die APY notwendigerweise sinken müssen (weil sie auf lange Sicht nicht nachhaltig sind), verlassen diese Wale in der Regel den Markt. Wenn Sie sich ein TVL-Diagramm ansehen, können Sie oft die Momente erkennen, in denen diese Kampagnen mit hohen Anreizen beginnen und die Wale ihr Kapital in Erträge investieren. Wenn die TVL später sinkt, kann das bedeuten, dass die Anreize vielleicht abnehmen und diese Krypto-Wale deshalb abwandern. **Beurteilen Sie immer, an welchem Punkt wir uns im Zyklus von TVL und Anreizen in einer bestimmten Blockchain und/oder DApp befinden.** Es ist sehr wichtig, diese Dynamik zu verstehen und zu bewerten. Damit verbunden ist auch die Bewertung der Nachhaltigkeit der von DApps angebotenen APY. **Wenn eine DApp klar die Mechanismen erklärt, mit denen sie eine bestimmte APY garantiert, ist das ein gutes Zeichen.** Wenn Sie andererseits nicht ganz verstehen, woher diese hohen APY kommen, oder schlimmer noch, wenn Sie glauben, dass diese APY nicht nachhaltig sind, dann ist es eine gute Idee, sich von dem von Ihnen analysierten Vermögenswert fernzuhalten.

6. Verbrennung, Rückkauf, Cliff Events und Sperrfristen

Burning ist eine Methode zur Vernichtung einer bestimmten Menge zirkulierender Coins, was zur Verringerung des Angebots führt. Es gibt verschiedene technische Methoden des Verbrennens, die gängigste – vereinfacht dargestellt – ist das Senden von Token an eine eigens dafür eingerichtete Adresse.

Warum sollte ein Projektteam seine eigenen Münzen verbrennen? Dafür kann es verschiedene Gründe geben. Zum Beispiel, um einen Preisverfall zu vermeiden. Bei algorithmischen Stablecoins wird das Burning häufig als Mechanismus verwendet, um die Bindung an die FIAT-Währung aufrechtzuerhalten. **Sie müssen verstehen und**

bewerten, wie der Mechanismus des Angebotsinputs und schließlich auch der Burning-Mechanismus des Tokens, den Sie bewerten wollen, funktioniert. Nur dann können Sie sich ein Bild davon machen, was in Zukunft mit dem Angebot des Tokens auf dem Markt passieren wird. Der Rückkaufmechanismus ist im Grunde dasselbe wie das Burning, nur dass das Angebot durch einen starken Token-Kauf durch das Projektteam verringert wird.

Cliff-Ereignisse sind das Ergebnis von Vereinbarungen zwischen den ursprünglichen Projektinvestoren und dem Projektteam. **Ein qualitativ hochwertiges Projekt enthält in der Regel Vesting-Regeln, d. h. Regeln, die besagen, dass Münzen, die sich im Besitz von Projektteammitgliedern befinden und solche, die zum Zeitpunkt des Projektstarts an Investoren verkauft wurden, bis zu einem bestimmten Zeitraum nicht auf dem Markt weiterverkauft werden können. Dieser Zeitraum wird als ‚Sperrfrist' oder ‚Lockup Period' bezeichnet.**

Nach Ablauf des Erdienungszeitraums kann es zu einem Cliff Event kommen, indem es zu einem massiven Verkauf des Tokens auf dem Markt durch diese großen Erstanleger kommt. Da viele Erstinvestoren gleichzeitig in bestimmten Investitionsrunden investiert haben, haben sie oft denselben Erdienungszeitraum und somit fällt ihr Cliff Event zusammen. Dies verleiht massiven Verkäufen noch mehr Kraft, was zu einem ruinösen Zusammenbruch des Tokens führen kann.

Je niedriger die Marktkapitalisierung des Vermögenswerts ist, desto größer ist der Einbruch während des Cliff-Events. **Sie müssen also unbedingt die Unverfallbarkeitsregeln des Projekts recherchieren und abschätzen, ob das Risiko eines Cliff-Events besteht.** Und wenn ein solches Risiko besteht, sollten Sie in Erfahrung bringen, wann es eintreten kann. Wenn Sie sich dieser Informationen bewusst sind, können Sie sowohl Probleme beim Timing Ihrer spekulativen Einsätze vermeiden (z. B. indem Sie den Vermögenswert nicht vor einem Cliff Event kaufen), als auch diese Informationen zu Ihrem Vorteil nutzen, indem Sie den Vermögenswert beispielsweise vor einem Cliff Event verkaufen oder nach einem Cliff Event kaufen.

7. Team, Sprache, Leiter, Schatzamt

Das Team, das hinter einem Projekt steht, ist fast immer öffentlich. **Googeln Sie die Teammitglieder des Projekts, das Sie analysieren. Finden Sie heraus, wer sie sind, was sie in der Vergangenheit getan haben und welchen Ruf sie haben.** Auch wenn das Projektteam anonym ist, ist das nicht unbedingt negativ zu bewerten. Vielleicht glauben die Entwickler sehr an die Dezentralisierung ihres Projekts und wollen vermeiden, von Anfang an Elemente der Zentralisierung einzubringen.

Analysieren Sie dann die Sprache, die das Team verwendet, wenn es über das Projekt spricht. Sprechen sie nur über den Preis des Tokens? Das ist ein sehr schlechtes Signal. Sie sollten über den Nutzen ihres Projekts und den Nutzen, den der Token mit sich bringt, sprechen. Nicht über den Preis. Spricht das Team in einer Sprache, die sich anhört, als käme sie aus einem Marketing- und Werbetexterkurs? Dies ist ein weiteres schlechtes Zeichen. Vor allem in offiziellen Projektdokumenten (Whitepaper, Dokumenten) sollte das Team eine technische und wissenschaftliche

Sprache verwenden, die nicht marketingorientiert ist. Vermeiden Sie Token mit super-aggressiven Behauptungen wie „das neue BTC" oder „das neue ETH". Ich hoffe, dieses Buch hat Ihnen klar gemacht, dass es sehr schwierig ist, BTC und ETH zu replizieren.

Wenn das Projekt auf der Präsenz einer starken Führungspersönlichkeit, fast eines Gurus, beruht, schrillen bei mir die Alarmglocken. Das Gegenteil von Dezentralisierung ist die Anwesenheit einer Führungspersönlichkeit mit Anhängern, die ihr blindlings in allem folgen, was sie sagt. Das Risiko wird viel größer, wenn ein Projekt zu eng an eine einzige Person gebunden ist. Dadurch wird das kritische Denken einer Gemeinschaft, das eine Tugend ist, zunichte gemacht.

Versuchen Sie schließlich, die Mechanismen zu verstehen, mit denen die Finanzmittel eines Projekts verwaltet werden, gemeint sind die Mittel, die beispielsweise das Funktionieren der entsprechenden DApp ermöglichen. Wenn das Team die Mechanismen hinter seiner Finanzverwaltung öffentlich erklärt, ist dies sicherlich ein positiver Faktor.

8. Vergleich mit ähnlichen Projekten

Ich empfehle Ihnen des Weiteren, das von Ihnen in Betracht gezogene Projekt mit anderen ähnlichen Projekten in der Branche zu vergleichen. Denken Sie jedoch immer daran, das von Ihnen gewählte Projekt und die von Ihnen gewählte Anlage nur mit Projekten und Anlagen zu vergleichen, die in dieselbe Kategorie fallen und einander so ähnlich wie möglich sind. Hier kehren wir zu einem der ersten Konzepte zurück, die in diesem Buch erklärt werden. Sie können zum Beispiel ein Layer-1-Coin nicht mit einem ERC20-Token vergleichen. Es handelt sich um zwei völlig unterschiedliche Projekte. Vergleichen Sie Layer-1-Coins miteinander, und ERC20-Token miteinander. **Versuchen Sie also zu beurteilen, ob das Projekt, das Sie analysieren, etwas anders und/oder besser macht als ähnliche Projekte, die Sie in der Branche kennen.**

9. Flexibilität im Urteilsvermögen

All diese Analysen sollten Sie dazu ermächtigen, sich ein eigenes Bild von dem in Betracht gezogenen Projekt zu machen. **Bewerten Sie das Projekt flexibel; verwerfen Sie es nicht, wenn einer der oben genannten Punkte Grauzonen aufweist. Denken Sie daran, dass Sie spekulieren, nicht investieren.** Wenn Sie einen Token oder einen Coin finden, der all diese grundlegenden Analysen und Überlegungen mit Bravour meistert, sollten Sie ihn wahrscheinlich in Ihr langfristiges Portfolio aufnehmen und nicht nur darauf spekulieren. **Wählen Sie stattdessen für die Spekulation gute, interessante Projekte aus, die die meisten, aber nicht alle Tests und Überlegungen, die wir gerade besprochen haben, bestehen.**

Übertreiben Sie es nicht mit Ihrer Strenge. Bei Token mit einer Marktkapitalisierung von weniger als 200 Millionen USD, die wir für spekulative Zwecke suchen, ist es zum Beispiel normal, dass sie keine dezentrale Governance haben. Verwerfen Sie sie nicht allein deshalb, sondern bewerten Sie, wie das Projektteam das Thema Governance angeht. Wie viel Sie riskieren, wie flexibel Sie sind, wenn es darum geht, sich über einige Schatten, die Sie bei einem bestimmten Projekt ausgemacht haben, hinwegzusetzen, hängt von Ihnen ab. Es hängt von Ihrer Risikotoleranz ab. Ich gebe Ihnen die Instrumente an die Hand, die Sie brauchen, um Ihre persönliche Einschätzung vorzunehmen.

Schritt 3: On-Chain-Analyse oder Due-Diligence-Prüfung innerhalb von Nansen

Sobald Sie Ihre Fundamentalanalyse außerhalb von Nansen abgeschlossen haben, müssen Sie eine zweite Art von Due Diligence durchführen: die On-Chain-Analyse innerhalb von Nansen. **In dieser Phase sollten Sie mit Hilfe der Ihnen von Nasen zur Verfügung gestellten Dashboards nach zusätzlichen Hinweisen auf die Güte des für Spekulationszwecke ausgewählten Vermögenswerts suchen. Sie sollten die Erkenntnisse der On-Chain-Analyse nutzen, um die Transaktionen zu bewerten, die Smart Money im Laufe der Zeit mit dem Vermögenswert getätigt hat.** Gehen Sie dabei wie folgt vor.

1. Finden Sie heraus, welche Smart Money Wallets den Vermögenswert kürzlich gekauft haben

Kehren Sie bei Nansen zur Registerkarte ‚Smart Money Token Inflow‘ zurück, die wir in Schritt 1 Discover gesehen haben. **Klicken Sie mit der rechten Maustaste auf den zu analysierenden Vermögenswert und wählen Sie ‚Token-Bewegungen‘ aus dem geöffneten Menü aus.** Daraufhin wird die Tabelle in Abbildung 2 angezeigt. Zur Demonstration verwenden wir den Token ‚Ethereum Name Service (ENS)‘ als Beispiel.

Abbildung 2: Beispiel der Tabelle ‚Fill in the inputs to see the data' auf Nansen

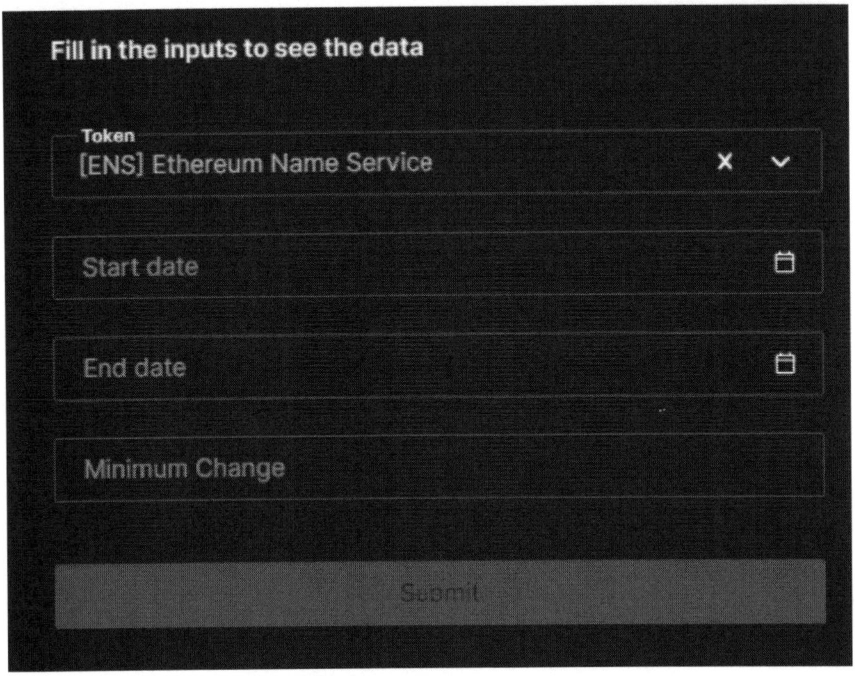

Quelle: Nansen. Das Bild dient nur zu Demonstrationszwecken und stellt keine Anlageberatung dar.

In dieser Tabelle müssen Sie den Datumsbereich eingeben, für den die SM-Transaktionen auf der Anlage analysiert werden sollen, sowie den Mindestbetrag der zu analysierenden Transaktionen. Ich empfehle Ihnen, die letzten zwei Tage als Datumsbereich und ‚0' als Mindeständerung einzugeben.

Nachdem Sie ein paar Sekunden gewartet haben, in denen Nansen die Daten verarbeitet, sehen Sie ein Dashboard mit zwei Datentabellen. Die erste Tabelle heißt ‚Balance changes in the period'. Sortieren Sie die Daten in absteigender Reihenfolge nach der Menge der Münzen, die in einer bestimmten Geldbörse eingegangen sind, indem Sie auf die Spalte ‚Change' klicken. **An dieser Stelle müssen Sie durch alle Tabellenseiten blättern und die SM-Wallets finden, die in den letzten zwei Tagen das Vermögen angehäuft haben.** Wie können Sie erkennen, ob eine Wallet zu SM gehört oder nicht? Auf Nansen werden SM-Wallets mit dem Emoticon eines Nerds angezeigt. Schauen wir uns das in dem folgenden Beispiel an.

Abbildung 3: Beispiel für die Tabelle ‚Balance changes in the period' auf Nansen

Balance changes in the period

Name	Change
Smart Dex Trader	52,355
Token Millionaire	51,374
Coinbase	28,707
Uniswap: ETH-ENS Pool	24,981
Binance US: Wallet #2	17,762
Aave: Lending Pool	13,767
Okex 1	12,698

Balance changes in the period

Name	Change
Kraken: ENS Token Wallet	1,979
Token Millionaire	1,953
Elite Dex Trader	1,845
Binance: Deposit	1,790
Paribu: Deposit	1,543
pius.eth	1,500
a02.eth	1,332

Quelle: Nansen. Das Bild dient nur zu Demonstrationszwecken und stellt keine Anlageberatung dar.

In diesem Beispiel sehen wir, dass zwei SM-Wallets in den letzten zwei Tagen eine beträchtliche Menge des analysierten Vermögenswerts angehäuft haben. Die erste SM-Wallet hat 52.355 Münzen akkumuliert, während die zweite SM-Wallet 1.332 Münzen akkumuliert hat. Hinweis: Die Daten in dieser Tabelle sind nicht in USD, sondern in Münzen angegeben. Überprüfen Sie alle Seiten dieser Tabelle und notieren

Sie alle SM-Wallets, die Sie finden. Je mehr SM-Wallets Sie finden, desto stärker ist das Signal, den Vermögenswert zu kaufen.

Blättern Sie nun auf der Seite nach unten und konsultieren Sie die zweite Tabelle ‚Top transactions in the period'. Sortieren Sie die Transaktionen chronologisch von den jüngsten zu den ältesten, indem Sie auf die Spalte ‚Time' klicken. **Sehen Sie sich alle Tabellenseiten an und notieren Sie sich alle SM-Wallet in der Spalte ‚To' (die die eingehende Wallet einer Transaktion darstellt), die mit den zuvor gefundenen übereinstimmen sollten.** In dieser Tabelle sehen Sie, wie viele Transaktionen diese SM-Wallets durchgeführt haben, und vor allem, wann sie sie durchgeführt haben. Wenn Sie, wie in der folgenden Abbildung 4, eine oder mehrere SM-Wallets finden, die den Vermögenswert in den allerletzten Stunden akkumuliert haben, ist dies ein gutes Kaufsignal.

Abbildung 4: Beispiel für die Tabelle ‚Top transactions in the period' auf Nansen

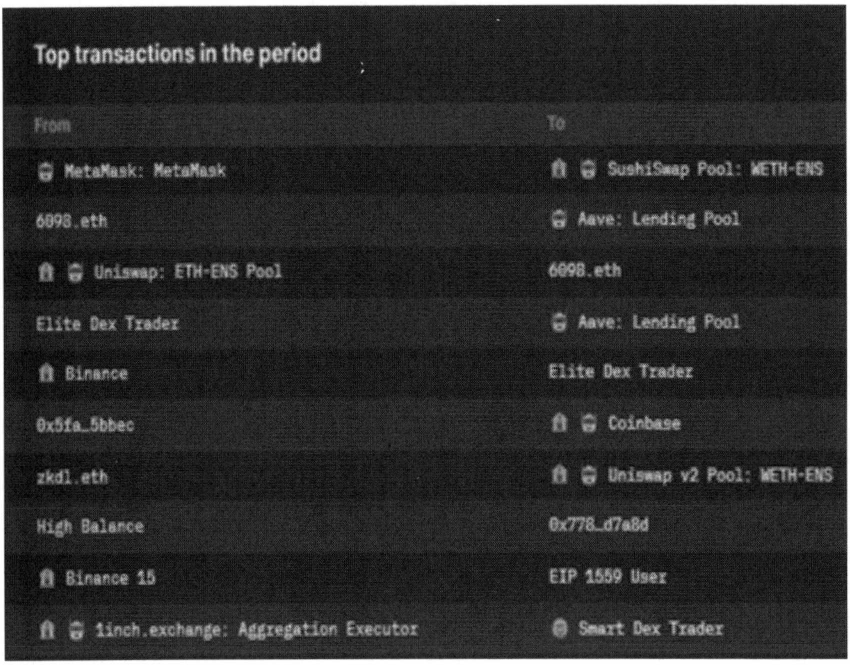
Top transactions in the period

From	To
MetaMask: MetaMask	SushiSwap Pool: WETH-ENS
6098.eth	Aave: Lending Pool
Uniswap: ETH-ENS Pool	6098.eth
Elite Dex Trader	Aave: Lending Pool
Binance	Elite Dex Trader
0x5fa…5bbec	Coinbase
zkdl.eth	Uniswap v2 Pool: WETH-ENS
High Balance	0x778…d7a8d
Binance 15	EIP 1559 User
1inch.exchange: Aggregation Executor	Smart Dex Trader

Quelle: Nansen. Das Bild dient nur zu Demonstrationszwecken und stellt keine Anlageberatung dar.

Nun wissen Sie, welche SM-Wallets in den letzten zwei Tagen das Vermögen akkumuliert haben, wie viele Transaktionen sie durchgeführt haben und wann sie

diese durchgeführt haben. Der nächste Schritt besteht darin, die gefundenen SM-Wallets zu analysieren.

2. <u>Analyse der Smart-Money-Wallets, die kürzlich den Vermögenswert gekauft haben</u>

Klicken Sie ausgehend vom vorherigen Dashboard mit der rechten Maustaste auf die erste gefundene SM-Wallet und wählen Sie den Punkt ‚View on Nansen portfolio'. **Es öffnet sich ein Dashboard, in dem Sie verschiedene Informationen über das SM-Portfolio einsehen können.** Prüfen Sie zunächst, ob SM den Vermögenswert noch in seinem Portfolio hat oder ob es ihn bereits verkauft hat. Wenn SM den Vermögenswert nicht verkauft hat, bewerten Sie die Gewichtung des Vermögenswerts in seinem Portfolio. Je mehr Gewicht der Vermögenswert im Portfolio des SM hat, desto stärker ist natürlich das Kaufsignal. Betrachten wir das folgende Beispiel:

Abbildung 5: Beispiel für das Dashboard ‚View on Nansen portfolio' *auf Nansen*

Quelle: Nansen. Das Bild dient nur zu Demonstrationszwecken und stellt keine Anlageberatung dar.

In diesem Beispiel macht der ENS-Token fast 10 % des SM-Portfolios aus, was sicherlich ein bedeutender Anteil ist. Dies ist ein hervorragendes Kaufsignal.

Kehren Sie nun zur Startseite zurück, setzen Sie den Cursor wieder auf das SM, klicken Sie mit der rechten Maustaste und wählen Sie den Punkt ‚Wallet profiler for token‘. Schauen Sie sich das **Diagramm ‚Token balance over time with historical price‘ (Token-Bestand im Zeitverlauf mit historischem Preis) an, in dem Sie sehen können, wie sich die Menge der in der SM-Wallet gehaltenen Vermögenswerte entwickelt hat.** Wenn die Menge der in der SM-Wallet gehaltenen Vermögenswerte steigt, ist das ein gutes Zeichen.

Scrollen Sie nun im Dashboard nach unten und sehen Sie sich die Tabelle ‚Largest token transactions‘ an. Sortieren Sie die Daten von den jüngsten zu den am wenigsten jüngsten, indem Sie auf die Spalte ‚Time‘ klicken. Schauen **Sie sich nun die letzten eingehenden Transaktionen des analysierten Tokens in der SM-Wallet an.** Klicken Sie dazu einfach mit der rechten Maustaste auf die drei Punkte ganz rechts neben der Transaktion, die Sie interessiert, und wählen Sie ‚Tx‘.

Sie werden auf eine andere Website weitergeleitet (fast immer Etherscan), die Ihnen alle Daten zu der spezifischen Transaktion auf der Blockchain anzeigt. **Vergewissern Sie sich auf der auf Etherscan geöffneten Webseite, dass SM den Vermögenswert freiwillig erworben hat, entweder durch Tausch gegen einen anderen Vermögenswert auf einer DEX oder durch Kauf über eine CEX.** Kaufen Sie den Vermögenswert nicht, wenn Sie feststellen, dass SM ihn unentgeltlich erhalten hat.

Eine sehr ausgeklügelte Methode, um Shitcoins zu pushen, besteht darin, große Mengen dieser Shitcoins an eine SM-Wallet zu verschenken, in der Hoffnung, dass jemand, der wie wir die On-Chain-Analyse durchführt die Transaktion sieht und beschließt, den Token zu kaufen, weil SM ihn gekauft hat. Tatsächlich hat SM in diesem Fall den Token gegen seinen Willen erhalten, da er ihm kostenlos zugeschickt wurde. Daher ist es wichtig zu überprüfen, ob hinter dem Erhalt eines Tokens ein echter Tausch, ein echter Kauf des Tokens, steht oder nicht. Wie Abbildung 6 zeigt, hat SM in der Beispieltransaktion das Token RLB durch den Tausch gegen Ether erworben. SM hat also den Token RLB aus eigenem Antrieb gekauft, und zwar durch Tausch mit Ethers in seinem Besitz. Alles in Ordnung, also grünes Signal.

Abbildung 6: Beispiel einer ‚Transaktionsaktion‘ auf Etherscan.

Quelle: Etherscan. Das Bild dient nur zu Demonstrationszwecken und stellt keine Anlageberatung dar.

Wenn Sie mit der DeFi-Welt vertraut sind, können Sie auch versuchen, in Erfahrung zu bringen, was dieses SM mit dem Vermögenswert gemacht hat und weiterhin vorhat, indem Sie alle Transaktionen analysieren, die Sie in der Tabelle ‚Largest token transactions' finden. Tatsächlich geben diese Transaktionen oft auch Aufschluss darüber, ob SM beispielsweise als Liquiditätsgeber für diesen Vermögenswert fungiert oder ob es ihn auf eine fortschrittlichere Weise verrentet. Für die Zwecke Ihrer spekulativen These könnte es interessant sein, zu entschlüsseln, ob und wie SM den Vermögenswert in einer Rentenstrategie in DeFi DApps verwendet. Wenn Sie jedoch kein Experte für Annuitäten in DeFi sind, brauchen Sie sich keine Sorgen zu machen, denn es ist nicht wichtig zu verstehen, wie SM den Vermögenswert (eventuell) verrentet. Das Wichtigste ist, dass Sie sich vergewissern, dass SM den Vermögenswert wirklich kaufen wollte und ihn aus eigenem Willen im Portfolio hält.

Wie Sie sich denken können, sollte die in diesem Abschnitt erläuterte Analyse für alle SM-Wallets wiederholt werden, die Sie im vorherigen Abschnitt identifiziert haben.

3. Bewertung der Einblicke in den ‚Token God Mode'

In diesem dritten und letzten Teil des Due-Diligence-Prozesses innerhalb von Nansen setzen Sie Ihre Analyse fort, indem Sie zur Nansen-Homepage zurückkehren. Bewegen Sie den Mauszeiger über den analysierten Vermögenswert in der Tabelle ‚Smart money token inflow', klicken Sie mit der rechten Maustaste und wählen Sie ‚Token God Mode'. **Sie werden nun viele Dashboards finden, die verschiedene On-Chain-Informationen über den Vermögenswert zusammenfassen.** Sie hatten bereits die Möglichkeit, einige dieser Informationen in Schritt 2 zu analysieren. Im Dashboard unter ‚Transactions' können Sie Folgendes sehen:

- Preis und Volumen des Vermögenswerts in den letzten Monaten
- Auf welchen DEX und Liquiditätspools der Vermögenswert am häufigsten gehandelt wird.
- Die neuesten Transaktionen auf DEX und CEX

Auf dem Dashboard ‚Exchanges' können Sie nachsehen,

- in welchen CEX Sie den Vermögenswert in welcher Menge finden,
- wie viel Prozent des Angebots auf die CEX entfallen und
- welche Transaktionen es zur Einzahlung und Abhebung von Vermögenswerten in der CEX gibt.

Auf dem Dashboard ‚Smart Money' finden Sie einige wichtige Daten, die Sie analysieren können. Sehen Sie sich zunächst das Diagramm ‚Tokens held by smart money with # of wallets' an. Dieses Diagramm zeigt Ihnen, wie sich die Anzahl der SM-Wallets, die den Vermögenswert halten, im Laufe der Zeit entwickelt hat, und wie sich das von ihnen gehaltene Guthaben im Laufe der Zeit

verändert hat. Je mehr diese beiden Zahlen wachsen, desto stärker ist das Kaufsignal. In Abbildung 7 unten sind diese Daten zwiespältig: Einerseits steigt der Gesamtbestand an Vermögenswerten, die von SM-Wallets gehalten werden, andererseits ist die Gesamtzahl der SM-Wallets, die den Token halten, in den letzten Monaten stetig gesunken.

Abbildung 7: Beispiel für die Grafik ‚Tokens held by smart money with # of wallets' auf Nansen

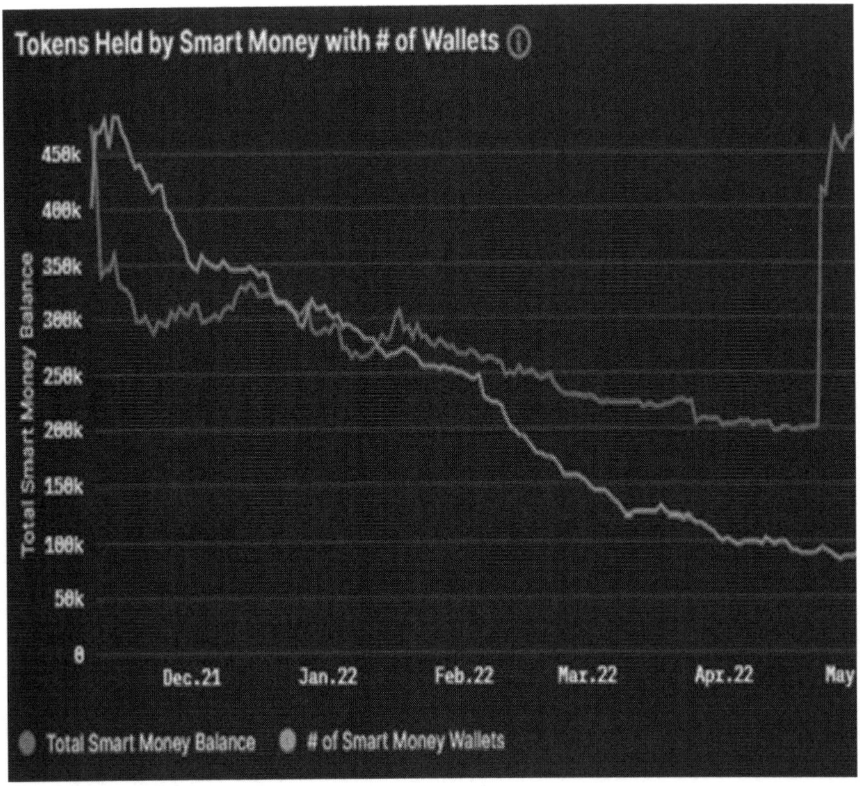

Quelle: Nansen. Das Bild dient nur zu Demonstrationszwecken und stellt keine Anlageberatung dar.

Wenn Sie zur Tabelle ‚Token holdings of the aggregated smart money segment for token' (Token-Bestände des aggregierten Smart-Money-Segments für Token) nach unten scrollen, können Sie die SM-Wallets herausfinden, die den Vermögenswert derzeit halten. Ich empfehle Ihnen, auf die Spalte ‚Balance' zu klicken, um sie in absteigender Reihenfolge zu sortieren, je nachdem, welche Wallet einen höheren USD-Gegenwert des betreffenden Vermögenswerts hält. Je mehr SM-Wallets Sie finden, die den Vermögenswert in ihrem Portfolio haben, desto besser ist das natürlich. Sie können die im vorigen Absatz beschriebene Analyse auch für alle SM-Wallets durchführen, die Sie in dieser Tabelle finden, zumindest für diejenigen, die eine große Menge des analysierten Vermögenswerts in ihrem Portfolio haben.

Abbildung 8: Beispiel für die Tabelle ‚Token Holdings of the aggregated smart money segment for token' auf Nansen

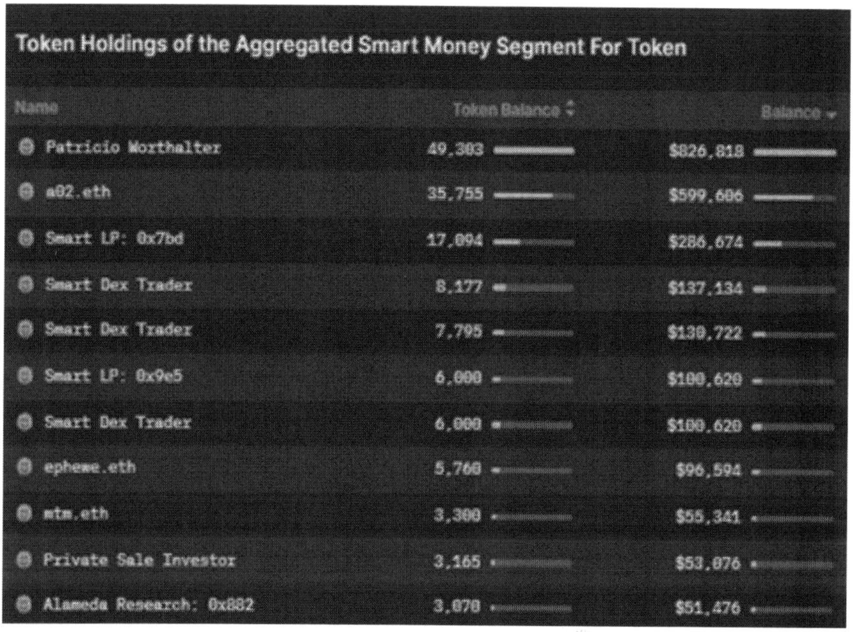

Token Holdings of the Aggregated Smart Money Segment For Token

Name	Token Balance	Balance
Patricio Worthalter	49,303	$826,818
a02.eth	35,755	$599,606
Smart LP: 0x7bd	17,094	$286,674
Smart Dex Trader	8,177	$137,134
Smart Dex Trader	7,795	$130,722
Smart LP: 0x9e5	6,000	$100,620
Smart Dex Trader	6,000	$100,620
epheme.eth	5,760	$96,594
mtm.eth	3,300	$55,341
Private Sale Investor	3,165	$53,076
Alameda Research: 0x882	3,070	$51,476

Quelle: Nansen. Das Bild dient nur zu Demonstrationszwecken und stellt keine Anlageberatung dar.

Weiter unten in der Tabelle ‚Token transfers for token' können Sie alle von SM-Wallets in den letzten Monaten durchgeführten Transaktionen für den Vermögenswert nachschlagen. Sie können sie nach dem Wert der Transaktion oder nach dem Zeitpunkt, zu dem sie stattgefunden hat, sortieren.

Wechseln Sie schließlich zum Dashboard ‚Token distribution'. Im Diagramm ‚Token balances' (Token-Salden) können Sie sich über die Verteilung des Angebots nach Kategorien informieren, zu denen beispielsweise SM-Wallets, Fonds, CEX und DEX gehören. **Unten, im Diagramm ‚Top balances', können Sie die Verteilung des Angebots auf die einzelnen Wallets genauer betrachten.** Klicken Sie auf die Spalte ‚% ownership', um die Daten in absteigender Reihenfolge zu sortieren, beginnend mit den Wallets, die den höchsten Prozentsatz des Angebots besitzen. Diese Daten geben Ihnen sehr gute Informationen über die Dezentralisierung des Projekts und seine Verwaltung. Je mehr Münzen auf verschiedene Wallets verteilt sind, desto besser. Versuchen Sie auch, in Erfahrung zu bringen, wem die Wallets mit den höchsten Guthaben gehören: Sind es die Wallets des Projektteams und/oder die der Erstinvestoren? Handelt es sich dabei um die Wallets des Schatzamtes? Erklärt das Projekt, wie die Treasury-Wallets verwendet werden? Handelt es sich um CEX- oder DEX-Wallets? (Bei solchen Wallets ist eine starke Konzentration normal; sie repräsentieren tatsächlich viele Nutzer.) Um diese Informationen besser zu verstehen, beachten Sie die Emoticons, die Nansen häufig mit den angezeigten Wallets verknüpft. **Sie können die Bedeutung aller von Nansen verwendeten Emoticons in der entsprechenden Rubrik unten rechts auf der Plattform nachschlagen.**

Blättern Sie schließlich durch alle Seiten der Tabelle ‚Top balances' und prüfen Sie, ob ein SM einen hohen Saldo für den Vermögenswert angesammelt hat. Je mehr SM-Geldbörsen Sie finden und je höher ihr Guthaben für diesen Vermögenswert ist, desto stärker ist das Kaufsignal.

Abbildung 9: Beispiel für die Grafik ‚Top balances' auf Nansen

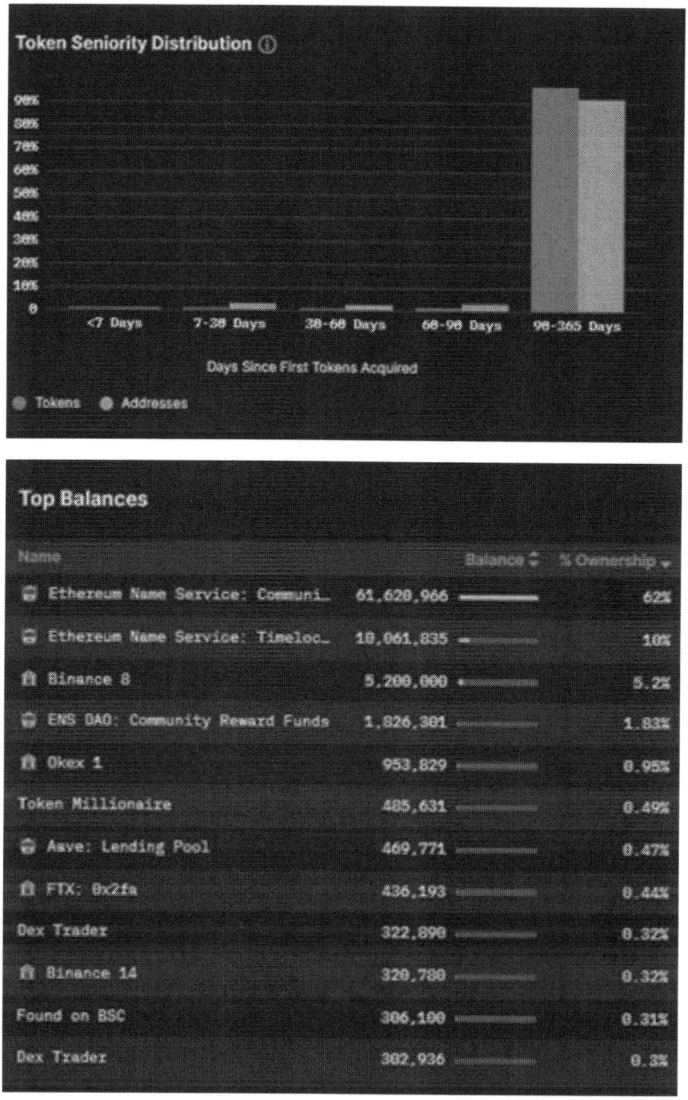

Quelle: Nansen. Das Bild dient nur zu Demonstrationszwecken und stellt keine Anlageberatung dar.

In diesem Beispiel befinden sich 62 % des Token-Vorrats in einer einzigen Wallet. Nicht das Beste für Dezentralisierung und Governance. Sie können jedoch herauslesen, dass es sich bei der fraglichen Wallet um die ‚Community Treasury'-Wallet handelt. In diesem Fall könnte es sinnvoll sein, in den Projektdokumenten zu recherchieren, wie diese Schatztruhe verwendet wird. Ähnliche Überlegungen können auch für alle anderen Wallets mit hohen Guthaben an Vermögenswerten angestellt werden. Ich möchte Sie auch daran erinnern, dass es bei Projekten mit einer Marktkapitalisierung von weniger als 200 Millionen USD normal ist, eine Konzentration des Asset-Angebots in einer oder wenigen Wallets zu finden.

Wenn Sie auf Nansen nach unten scrollen, finden Sie die größten Veränderungen des Vermögenswertes in den letzten sieben Tagen. Wenn Sie weiter nach unten blättern, finden Sie die letzten drei Diagramme:

- **‚Top holders: balances'.** Dieses Diagramm zeigt Ihnen grafisch an, wie sich der Saldo der Top-Inhaber des Vermögenswertes in den letzten Monaten entwickelt hat.
- **‚Token seniority distribution'.** Dieses Diagramm zeigt Ihnen die durchschnittliche Haltedauer des Vermögenswerts an. Je länger die durchschnittliche Haltedauer, desto besser, denn das bedeutet, dass es sich um einen Vermögenswert handelt, den viele Anleger langfristig halten wollen - ein Zeichen dafür, dass sie an das Projekt glauben.
- **‚Unique addresses for token'.** Diese Grafik zeigt die zeitliche Entwicklung der Anzahl der Wallets, die den Vermögenswert besitzen, in beliebiger Höhe. Wenn diese Grafik wächst, ist das ein gutes Zeichen, denn es zeigt, dass der Vermögenswert seine Verbreitung erhöht.

Abbildung 10: Beispiel für die Diagramme ‚Token seniority distribution' und ‚Unique addresses for token' auf Nansen

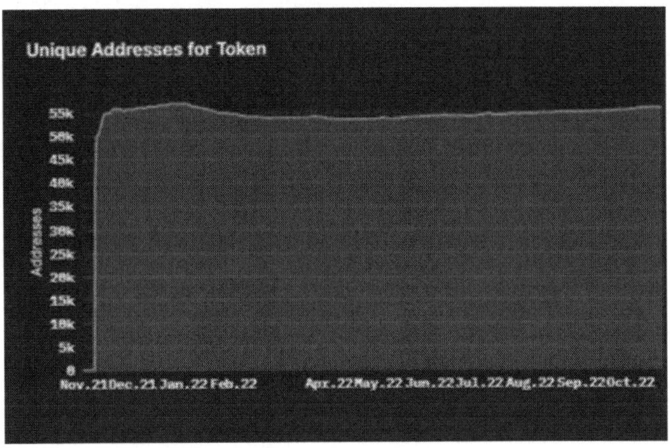

Quelle: Nansen. Das Bild dient nur zu Demonstrationszwecken und stellt keine Anlageberatung dar.

In diesem Beispiel liefert das Diagramm zur Seniorität der Token positive Signale: Der Vermögenswert wird häufig langfristig gehalten. Die Anzahl der eindeutigen Adressen für Token scheint im Laufe der Zeit ziemlich konstant zu sein.

4. Flexibilität in der Urteilsbildung und Anmerkungen zu Nansen

Bevor ich fortfahre, möchte ich Sie daran erinnern, dass Sie bei Ihrer Due-Diligence-Prüfung nicht zu streng sein sollten. Es ist sehr selten, ein Krypto-Projekt mit einer Marktkapitalisierung von weniger als 200 Millionen USD zu finden, das zu 100 % positive Signale für die Due-Diligence-Elemente liefert, die wir gesehen haben. Und das gilt sowohl für die Due-Diligence-Prüfung außerhalb als auch innerhalb von Nansen.

In diesem Kapitel werden alle Faktoren erläutert, die Sie recherchieren und überprüfen müssen, um sich ein eigenes Urteil über ein Krypto-Projekt zu bilden. **Es liegt dann an Ihnen und Ihrer Risikobereitschaft zu entscheiden, ob das Projekt gut genug ist, um darauf zu spekulieren.** Warten Sie nicht auf das perfekte Projekt. Wenn Sie das perfekte Projekt gefunden haben, sollten Sie es in Ihr langfristiges Anlageportfolio aufnehmen. Spekulieren Sie auf interessante, gute Projekte mit etwas Schatten, aber viel Licht. Das sind die Projekte, die Ihnen die größte Befriedigung verschaffen können.

Bevor wir zu Schritt 4 übergehen, zwei kurze Anmerkungen zu Nansen:

- **Die Nansen-Plattform wird ständig weiterentwickelt.** Oft ändern Tabellen oder Diagramme ihre Namen oder werden in andere Bereiche der Website verschoben. Daher kann es vorkommen, dass von Zeit zu Zeit kleine Aktualisierungen der Nansen-Plattform veröffentlicht werden. Aber keine Sorge, die Änderungen betreffen in der Regel eher die Form als den Inhalt; also keine Panik, wenn eine Tabelle an einer anderen Stelle steht oder einen anderen Namen hat. Das Wesentliche der Analyse bleibt bestehen.

- **Unten rechts auf der Plattform finden Sie ein mehrminütiges Video, in dem erklärt wird, wie man eine Due-Diligence-Prüfung für einen Vermögenswert auf Nansen durchführt.** Viele der Konzepte, die wir in diesem Buch gesehen haben, werden auch in diesem Video aufgegriffen, das ich Ihnen daher empfehle.

Schritt 4: Kauf

Vielleicht haben Sie mittlerweile ein Projekt und einen Vermögenswert gefunden, auf den Sie spekulieren können. Ihre Due-Diligence-Prüfung hat ein interessantes, gutes Projekt mit viel Licht und nur wenig Schatten entdeckt. Der mit dem Projekt verbundene Vermögenswert hat eine geringe Marktkapitalisierung von weniger als 200 Millionen USD. **Sie müssen den Vermögenswert nur noch kaufen.** Sie haben bereits alle Richtlinien kennengelernt, die ich Ihnen für diesen spekulativen Einsatz empfehle: Investieren Sie in den Vermögenswert nicht weniger als 500 USD, und verteilen Sie Ihr für die Spekulation eingesetztes Kapital so weit wie möglich auf verschiedene Einsätze (stecken Sie nicht Ihr gesamtes Budget in einen einzigen spekulativen Handel!) Aber all dies sollten Sie bereits verinnerlicht haben.

Wo kaufen Sie den Vermögenswert? Auch das sollten Sie bereits wissen. In den Dashboards von Nansen finden Sie im ‚Token God mode' alle DEX und CEX, in denen der Vermögenswert verfügbar ist, und auch in welcher Menge. **Kaufen Sie den Vermögenswert in diesen DEX oder CEX, bevorzugen Sie starke Branchennamen und diejenigen mit einer großen Menge des Vermögenswerts** (Sie können diese Informationen innerhalb von Nansen finden).

Wenn Sie den Vermögenswert auf einer DEX kaufen, sollten Sie vor allem daran denken, was wir in den vorangegangenen Kapiteln über Gasgebühren, Slippage und insbesondere die Auswirkungen Ihrer Transaktion auf den Börsenpreis gesagt haben. Während bei Gasgebühren und Slippage in der Regel keine größeren Risiken zu verzeichnen sind, **möchte ich noch einmal darauf hinweisen, wie wichtig es ist, sich vor der Bestätigung einer Transaktion auf einer DEX über die Auswirkungen auf den Kurs zu informieren.** Denn wenn der Kaufauftrag im Vergleich zur Gesamtliquidität des Pools sehr groß ist, entsteht ein großes Ungleichgewicht im Preis des Vermögenswerts, so dass es für Sie nicht günstig ist, die Transaktion durchzuführen. **Wenn die Preisauswirkungen mehr als 3 % betragen, sollten Sie die Transaktion auf diesem DEX nicht durchführen. Suchen Sie nach einer Alternative: Gibt es eine zuverlässige CEX, auf der Sie den Vermögenswert kaufen können? Gibt es eine andere DEX, auf der Sie den Vermögenswert kaufen können und die vielleicht einen liquideren Pool hat? Wenn Sie keine bessere CEX oder DEX finden können, sollten Sie einen kleineren Betrag investieren.** Wenn Sie in Erwägung ziehen, 20.000 USD in den Vermögenswert zu investieren, investieren Sie 10.000 USD. Sie werden sehen, dass sich der Preiseinfluss verbessern wird. Außerdem können Sie Ihren Einsatz in zwei oder mehr verschiedene Transaktionen in verschiedenen DEX aufteilen, um die Auswirkungen des Ungleichgewichts im Pool auf den durchschnittlichen Kaufpreis zu minimieren.

CoinGecko, CoinMarketCap und natürlich Nansen können Ihnen helfen, die günstigsten CEX und/oder DEX zu finden, um das Asset zu kaufen. Sobald Sie die richtigen CEX oder DEX gefunden haben, können Sie mit Ihrem Kauf fortfahren.

Abschließend möchte ich Sie daran erinnern, Ether als Startwert für den kurzfristigen Handel beizubehalten, sowohl weil Ether eine Gasgebühr ist, als auch weil die Auswirkungen auf den Preis sehr oft geringer sind, wenn Sie mit Ether handeln, da dies der am häufigsten in den DeFi-Pools verwendete Vermögenswert ist.

Extra-Tipp: Auf CoinGecko und CoinMarketCap können Sie das Symbol des Tokens, den Sie kaufen, zu Ihrer MetaMask-Wallet hinzufügen, indem Sie auf die Schaltfläche ‚Zu MetaMask hinzufügen' klicken, so dass Sie beim Kauf des Tokens dessen Kontostand in der Brieftasche sehen können.

Schritt 5: Ausstieg

Die ersten vier Phasen unseres 5-stufigen Prozesses für die Spekulation mit Kryptowährungen wurden verwendet, um zu bestimmen, auf welche Vermögenswerte man setzen sollte und zu welchem Zeitpunkt man einsteigt. **Bei Spekulationen ist jedoch der Zeitpunkt des Ausstiegs aus einem Handel ebenso wichtig wie der Zeitpunkt des Einstiegs.**

Wann sollte man also aus seinen spekulativen Geschäften aussteigen? Lassen Sie mich Ihnen gleich sagen, dass es darauf keine einheitliche Antwort gibt. Auch hier liegt es an Ihnen, Ihrer Analyse und Ihrer Risikotoleranz, um zu entscheiden, wie und wann Sie aus Ihren spekulativen Geschäften aussteigen. **Im Folgenden finden Sie jedoch vier vollständige oder teilweise Ausstiegssignale, von den ich Ihnen empfehle, sie bei Ihrer Ausstiegsstrategie zu berücksichtigen:**

1. **Verkaufen Sie den Vermögenswert, wenn ein relevantes SM-Wallet mehr als die Hälfte seines Guthabens an diesem Vermögenswert verkauft.** In der Due-Diligence-Phase in Nansen haben Sie mehrere relevante SM-Wallets gefunden, z. B. solche, die den Vermögenswert kürzlich gekauft haben, oder solche, die eine große Menge des Vermögenswerts in ihrem Portfolio halten. Auf Nansen können Sie Telegram-Benachrichtigungen mit der Bezeichnung ‚Smart Alerts' einrichten, die Sie in Echtzeit benachrichtigen, wenn diese SM-Wallets einen teilweisen oder vollständigen Ausstieg aus diesem Vermögenswert vornehmen. Folglich können Sie aus dem Handel aussteigen, wenn diese SM-Wallets den Vermögenswert verkaufen. **Genauer gesagt empfehle ich Ihnen, aus dem Handel auszusteigen, wenn eine relevante SM-Wallet mehr als die Hälfte ihres Guthabens an diesem Vermögenswert verkauft.** Smart Alerts lassen sichganz einfach einrichten; Sie finden eine Anleitung in Nansen, die aufzeigt, wie man Smart Alerts auf Telegram einrichtet. Ich werde die Anleitung hier nicht einfügen, da es überflüssig wäre. **Bitte beachten Sie: Smart Alerts funktionieren nur, wenn Sie Ihr Abonnement bei Nansen aktiv halten.**

2. **Technische Analyse.** Sie können durch eine technische Analyse Ausstiegssignale finden. Dieses Buch kann kein Nachschlagewerk sein, in dem die technische Analyse gelehrt wird. Außerdem gibt es tausend verschiedene Möglichkeiten, mit der technischen Analyse ein Ausstiegssignal zu finden. Wenn es Ihnen Spaß macht, diese Art der Analyse anhand von Charts zu erlernen, können Sie in Erwägung ziehen, darauf basierende vollständige oder teilweise Ausstiegssignale zu erstellen. **Ich empfehle jedoch, die technische Analyse für den Ausstieg aus Ihren spekulativen Geschäften zu vermeiden.** Bei den fraglichen Vermögenswerten handelt es sich nämlich häufig um neu entstandene Vermögenswerte, die noch keine lange Historie haben. Aus diesem Grund ist die technische Analyse oft unwirksam, und Sie laufen Gefahr, zu früh aus Ihren spekulativen Geschäften auszusteigen.

3. **Die Marktkapitalisierung der Anlage übersteigt 500-600 Millionen USD.** Ich wiederhole ein bereits geäußertes Konzept. Unser 5-stufiger Prozess zielt auf unterkapitalisierte Projekte mit einer Marktkapitalisierung von weniger als 200 Millionen USD ab. Nach einigen Monaten oder Jahren, wenn sich das Projekt in die richtige Richtung entwickelt und sich zu verbreiten beginnt, sollte die Marktkapitalisierung des mit dem Projekt verbundenen Tokens steigen. Ein Ausstiegssignal für den Verkauf könnte sein, wenn die Marktkapitalisierung des Projekts 500-600 Millionen USD übersteigt. 500-600 Millionen USD sind kein fester Wert, es könnten auch eine Milliarde oder anderthalb Milliarden sein, wenn Sie glauben, dass das Projekt noch Wachstumspotenzial hat, sobald es 500-600 Millionen USD an MC erreicht hat. Bei einer Marktkapitalisierung von mehr als zwei Milliarden USD wird das Projekt für Spekulationen zu groß, so dass ich empfehlen würde, es entweder zu verkaufen oder in Ihr langfristiges Anlageportfolio aufzunehmen, wenn Sie weiterhin an das Projekt glauben.

4. **Teilweise Ausstiege.** Sie können auch mehrere Teilausstiege aus Ihren spekulativen Geschäften vornehmen. Und zwar unabhängig davon, ob Sie einen Gewinn oder einen Verlust verzeichnen. Sie könnten zum Beispiel teilweise aussteigen, nachdem Sie mit dem Handel einen 4- oder 5-fachen Gewinn erzielt haben. Oder Sie beschließen, nach einer starken Aufwärtsbewegung Ihr investiertes Kapital abzuziehen und nur die von Ihnen erzielten Gewinne in dem spekulativen Handel ‚arbeiten' zu lassen. Es gibt wirklich viele Möglichkeiten, mit dem Ausstieg umzugehen, aber sie hängen von Ihnen und Ihrer Risikotoleranz ab. Was den Ausstieg mit Verlust betrifft, empfehle ich Ihnen, diesen nur vorzunehmen, wenn Sie sehen, dass SM-Wallets den Token verkaufen und/oder wenn schlechte Nachrichten oder schlechte Entwicklungen über das Projekt bekannt werden. Andernfalls sollten Sie versuchen durchzuhalten und eine Position nicht auflösen, nur weil sie etwas gefallen ist, vor allem, wenn Sie erkennen, dass die Abwärtsbewegung eher auf die allgemeine Marktsituation als auf das spezifische Projekt zurückzuführen ist (fast alle Token werden nämlich von der durchschnittlichen Preisentwicklung der gesamten Branche und insbesondere des BTC-Preises beeinflusst).

Denken Sie daran, dass es falsch ist, bei spekulativen Geschäften keine großen Gewinne zu erzielen. Steigen Sie nicht aus, wenn Sie ‚nur' +10 % machen, der Sinn des Glücksspiels ist es, viel zu riskieren, um viel Gewinn zu machen, wenn Sie viel riskieren und wenig Gewinn machen, setzen Sie die falsche Geldmanagementstrategie auf Spekulationen um.

Denken Sie schließlich immer daran, den Einstiegskurs in einen Handel, den Ausstiegskurs und die gezahlten Provisionen genau zu notieren. Verwenden Sie eine Excel-Datei, um alles zu notieren, und/oder nutzen Sie eine der vielen kostenlosen Apps, um Ihre Trades nachzuvollziehen, wie CoinStats oder Delta.

Zusammenfassung von Kapitel 8

- Die On-Chain-Analyse ist eine Analysemethode, die die in den Blockchains veröffentlichten Informationen nutzt, um Investoren und Spekulanten bei der Wahl ihrer Investitions- und Spekulationsstrategien zu unterstützen.
- Die On-Chain-Analyse ermöglicht es uns, die Trades der so genannten Smart Money (SM) zu sehen, Krypto-Wale, die in den letzten Monaten eine beneidenswerte Erfolgsbilanz bei Krypto-Trades mit hohen Gewinnen vorweisen können.
- Es gibt mehrere Plattformen, die diese Daten von den Blockchains nehmen, sie organisieren und sie den normalen Nutzern in Form von leicht zu lesenden Dashboards anbieten. Diese Tools werden als ‚On-Chain-Analyse-Tools' bezeichnet und sind Websites, die Sie gegen eine monatliche Gebühr nutzen können. Das von uns verwendete Tool heißt Nansen.
- Unser „5-Schritte-Ansatz" für Spekulationen mit Kryptowährungen umfasst die folgenden Schritte: Entdeckung; Fundamentalanalyse oder Due Diligence außerhalb von Nansen; On-Chain-Analyse oder Due Diligence innerhalb von Nansen; Kauf; Ausstieg.

Zusammenfassung von Schritt 1 - Identifizieren

- Rufen Sie Nansen > ‚Home' > ‚Potential Assets' auf, um die Top-Vermögenswerte der letzten 24 Stunden zu sehen, auf die Sie spekulieren können. Sie finden sie in der Tabelle ‚Smart money token inflow'. Sobald Sie einen dieser Vermögenswerte ausgewählt haben, können Sie mit der Due Diligence beginnen.

Zusammenfassung von Schritt 2 - Fundamentalanalyse oder Due Diligence außerhalb von Nansen

- Gehen Sie zu CoinGecko oder CoinmarketCap. Analysieren Sie, wie Preis, Marktkapitalisierung und Volumen derzeit aussehen und wie sie sich in den letzten Monaten entwickelt haben. Überprüfen Sie, auf welcher Blockchain der Token ist und wo er gelistet ist. Analysieren Sie dann FDMC, das zirkulierende Angebot, das maximale Angebot und das Gesamtangebot. Versuchen Sie, Vermögenswerte mit einer niedrigen Marktkapitalisierung von weniger als 200 Millionen USD zu finden.
- Suchen Sie nach Projektinformationen und Nachrichten auf CoinGecko, CoinMarketCap, Cointelegraph, CoinDesk, Messari, Defillama, Token Terminal, Medium, Twitter, Discord und Telegram.
- Studieren Sie die offizielle Website des Projekts, das Whitepaper, das Litepaper, die Dokumente und die Smart-Contract-Audits (einschließlich der

Online-Reputation derjenigen, die die Smart-Contract-Audits durchgeführt haben).

- Beantworten Sie diese Fragen: Was macht das Projekt anders als andere Projekte? Wofür wird das Projekt verwendet? Wie wird der Token erstellt? Wie wird das Angebot des Tokens verteilt? Wie sieht Tokenomics aus? Wofür wird der Token verwendet? Ist der Token ein Utility-Token oder nicht? Sind das Projekt und der Token miteinander verbunden? Gibt es eine echte Governance, oder besitzen einige wenige Wallets fast das gesamte Angebot? Wie entwickelt sich die TVL? Wie bewegt sich das Söldnerkapital? Wie werden die APY ausgezahlt? Wie sind die Regeln für das Vesting (sowohl für die Erstinvestoren als auch für das Projektteam), Cliff Events, Burning und Buyback? Wurden in der Vergangenheit große Fehler gemacht? Wer sind die Teammitglieder? Sprechen sie nur über den Preis und/oder wirken sie zu marketingorientiert? Gibt es eine souveräne Führungsperson? Wie ist das Vermögen des Projekts geschützt? Gibt es große VCs, die in das Projekt investieren?

- Vergleichen Sie das Projekt mit ähnlichen Projekten in der Branche.

<u>Zusammenfassung von Schritt 3 - On-Chain-Analyse oder Due Diligence innerhalb von Nansen</u>

- Klicken Sie mit der rechten Maustaste auf den Token > ‚Token-Movements' > Wählen Sie die letzten zwei Tage und ‚0' als Mindeständerung.

- Suchen Sie in der ersten Tabelle , Balance changes in the period' die SM-Wallets und notieren Sie sie. Je mehr SM-Wallets Sie finden, desto stärker ist das Signal, den Vermögenswert zu kaufen. Gehen Sie dann zur Tabelle ‚Top transactions in the period ‚. Sortieren Sie die Transaktionen chronologisch von den jüngsten bis zu den älteren, indem Sie auf die Spalte ‚Time' klicken. Blättern Sie durch alle Seiten der Tabelle und notieren Sie sich alle SM-Wallets in der Spalte ‚To' (die die eingehende Wallet einer Transaktion darstellt), die mit den zuvor gefundenen übereinstimmen sollten. Hier sehen Sie, wie viele Transaktionen diese SM-Wallets durchgeführt haben und wann sie sie durchgeführt haben. Wenn Sie feststellen, dass eine oder mehrere SM-Wallets den Vermögenswert in den letzten Stunden akkumuliert haben, ist dies ein gutes Kaufsignal.

- Klicken Sie im vorherigen Dashboard mit der rechten Maustaste auf die erste gefundene SM-Wallet und wählen Sie die Option ‚View on Nansen portfolio'. Sehen Sie, welche Gewichtung der Vermögenswert in seinem Portfolio hat (und ob er ihn noch besitzt). Je höher der prozentuale Anteil dieses Vermögenswerts im Vergleich zu den anderen Vermögenswerten des Portfolios ist, desto besser. Kehren Sie nun zur Startseite zurück, setzen Sie den Cursor auf die SM-Wallet, klicken Sie mit der rechten Maustaste und wählen Sie den Punkt ‚Wallet profiler for token'. Schauen Sie sich das Diagramm ‚Token balance over time with historical price' (Token-Bestand im Zeitverlauf mit historischem Preis) an, in dem Sie sehen, wie sich die Menge der im SM-Portfolio gehaltenen Vermögenswerte entwickelt hat. Wenn die Menge der von SM gehaltenen Vermögenswerte zunimmt, ist das ein gutes Zeichen.

- Scrollen Sie nun im Dashboard nach unten und sehen Sie sich die Tabelle ‚Largest token transactions' an. Sortieren Sie die Daten von den jüngsten bis zu den älteren, indem Sie auf die Spalte ‚Time' klicken. Sehen Sie sich nun die letzten eingehenden Transaktionen in der SM-Wallet an. Überprüfen Sie auf Etherscan, ob SM den Vermögenswert freiwillig erworben hat, indem er ihn gegen einen seiner Vermögenswerte auf einer DEX oder über eine CEX getauscht hat. Wenn Sie mit der DeFi-Welt vertraut sind, können Sie auch versuchen, in Erfahrung zu bringen, was dieser SM mit dem fraglichen Vermögenswert gemacht hat und plant zu machen, indem Sie alle Transaktionen in der Tabelle ‚Largest token transactions' analysieren.

- Führen Sie dieselbe Analyse für alle SM-Wallets durch, die Sie identifiziert haben und die den Vermögenswert kürzlich erworben haben.

- Gehen Sie zurück zur Nansen-Startseite, klicken Sie mit der rechten Maustaste auf den Token und wählen Sie ‚Token God Mode'. Im Dashboard ‚Transactions' sehen Sie Preis- und Volumentrends, in welchen DEX und Liquiditätspools der Vermögenswert am meisten gehandelt wird, und die letzten Transaktionen des Vermögenswerts auf DEX und CEX. Auf der Registerkarte ‚Exchanges' erfahren Sie, an welchen CEX der Vermögenswert in welcher Menge gehandelt wird, wie hoch der Anteil des Angebots an den CEX ist und welche Ein- und Auszahlungen der Token an den CEX vorgenommen hat. Wechseln Sie zum Dashboard ‚Smart Money' und sehen Sie sich die Grafik ‚Tokens held by smart money with # of wallets' an. Diese Grafik zeigt Ihnen, wie sich die Anzahl der SM-Wallets, die den Vermögenswert halten, im Laufe der Zeit entwickelt hat, und wie sich der Gesamtbestand des von ihnen gehaltenen Vermögenswertes im Laufe der Zeit entwickelt hat. Je mehr diese beiden Zahlen wachsen, desto stärker ist das Kaufsignal.

- Wenn Sie zur Tabelle ‚Token holdings of the aggregated smart money segment for token' (Token-Bestände des aggregierten Smart-Money-Segments für Token) nach unten scrollen, können Sie die SM-Wallets herausfinden, die den Vermögenswert derzeit halten. Ich empfehle Ihnen, auf die Spalte ‚Balance' zu klicken, um sie in absteigender Reihenfolge zu sortieren, je nachdem, wer einen größeren USD-Gegenwert des betreffenden Vermögenswerts besitzt. Natürlich ist es umso besser, je mehr SM-Wallets Sie finden, die eine größere Investition in diesen Vermögenswert in ihrem Portfolio haben. Darüber hinaus können Sie die zuvor beschriebene Analyse auch für die SM-Wallets durchführen, die Sie in dieser Tabelle finden, zumindest für diejenigen, die einen großen Anteil des analysierten Vermögenswerts in ihrem Portfolio haben. Weiter unten in der Tabelle ‚Token transfers for token' können Sie sich alle Transaktionen ansehen, die von SM-Wallets in den letzten Monaten mit dem Vermögenswert durchgeführt wurden. Sie können sie nach dem Wert der Transaktion oder nach dem Zeitpunkt, zu dem sie stattgefunden hat, sortieren.

- Gehen Sie zum Dashboard ‚Token distribution'. Im Diagramm ‚Token balances' finden Sie die Verteilung des Vermögensvorrats nach Kategorien, zu denen SM-Wallets, Fonds, CEX und DEX gehören. Unten, im Diagramm ‚Top balances', können Sie die Verteilung der Vermögenswerte nach einzelnen Wallets genauer sehen. Klicken Sie auf die Spalte ‚% ownership', um die Daten in absteigender Reihenfolge zu sortieren, beginnend mit den Wallets, die den höchsten Prozentsatz des Angebots besitzen. Diese Daten geben Ihnen sehr gute Informationen über die Dezentralisierung des Projekts und seine Verwaltung. Je mehr das Angebot auf verschiedene Wallets verteilt ist, desto besser. Versuchen Sie auch herauszufinden, wem die Wallets mit den höchsten Guthaben gehören. Lesen Sie die Emoticons, die Nansen oft mit den angezeigten Wallets verknüpft. Blättern Sie schließlich durch alle Seiten der Tabelle und prüfen Sie, ob eine SM-Wallet ein hohes Guthaben des Vermögenswertes angesammelt hat. Je mehr SM-Wallets Sie finden und je höher deren Investitionen in den betreffenden Vermögenswert sind, desto stärker ist das Kaufsignal.

- Wenn Sie nach unten scrollen, finden Sie die größten Veränderungen des Vermögenswertes in den letzten sieben Tagen. Wenn Sie weiter nach unten blättern, finden Sie die letzten drei Diagramme: ‚Top holders: balances', stellt grafisch dar, wie sich das Guthaben der Top-Inhaber des Vermögenswerts in den letzten Monaten entwickelt hat; ‚Token seniority distribution', gibt die durchschnittliche Haltedauer des Vermögenswerts wieder (je länger, desto besser); und ‚Unique addresses for token', zeigt die zeitliche Entwicklung der Anzahl der Wallets, die den Vermögenswert in beliebiger Höhe halten. Wenn dieses letzte Diagramm wächst, ist das ein gutes Zeichen, denn es zeigt an, dass der Vermögenswert seine Verbreitung erhöht.

Zusammenfassung von Schritt 4 - Kauf

- Es liegt nun an Ihnen und Ihrer Risikobereitschaft zu entscheiden, ob das Projekt gut genug ist, um darauf zu spekulieren. Wenn Sie sich dazu entschließen, mit dem analysierten Vermögenswert zu spekulieren, kaufen Sie ihn in einem oder mehreren DEX oder CEX, die Sie auf Nansen gefunden haben und die einen guten Ruf haben und/oder in denen es eine große Menge des Vermögenswertes gibt. Wie im vorigen Kapitel erwähnt, sollten Sie bei jedem Einsatz nicht weniger als 500 USD investieren und Ihr Kapital auf möglichst viele spekulative Geschäfte verteilen.

- Informieren Sie sich vor der Bestätigung einer Transaktion auf einem DEX über die Preisauswirkungen. Wenn der Preisaufschlag mehr als 3 % beträgt, sollten Sie das Geschäft nicht auf dieser DEX tätigen. Suchen Sie nach einer

Alternative: Gibt es eine zuverlässige CEX, auf der Sie den Vermögenswert kaufen können? Gibt es eine andere DEX, auf der Sie den Vermögenswert kaufen können und die vielleicht einen liquideren Pool hat? Wenn Sie keine bessere CEX oder DEX finden können, sollten Sie einen kleineren Betrag in den Handel investieren. Darüber hinaus können Sie Ihren Einsatz in zwei oder mehr verschiedene Transaktionen auf verschiedenen DEX aufteilen, um die Auswirkungen des Ungleichgewichts im Pool auf den durchschnittlichen Kaufpreis zu minimieren. CoinGecko, CoinMarketCap und Nansen können Ihnen helfen, die richtigen CEX und DEX für einen bestimmten Handel zu identifizieren.

- Ich empfehle Ihnen, Ether als Startwert für den kurzfristigen Handel beizubehalten, zum einen, weil Ether eine Gasgebühr ist, zum anderen, weil die Auswirkungen auf den Preis oft geringer sind, wenn Sie mit Ether handeln, da er in den DeFi-Pools am häufigsten verwendet wird.

Zusammenfassung von Schritt 5 - Ausstieg

- Es gibt vier Faktoren, die Sie bei Ihrer Ausstiegsstrategie berücksichtigen können:

1. Verkaufen Sie das Asset, wenn eine relevante SM-Wallet mehr als die Hälfte ihres Guthabens dieses Assets verkauft. Sie können auf Nansen Smart Alerts einrichten, die Sie benachrichtigen, wenn die von Ihnen analysierten SM-Wallets den Vermögenswert verkaufen.

2. Technische Analyse. Möglicherweise können Sie mit Hilfe der technischen Analyse Ausstiegssignale finden, obwohl ich dies nicht empfehle, da die technische Analyse Sie bei dieser Art von Vermögenswerten möglicherweise zu früh aussteigen lässt.

3. Die Marktkapitalisierung des Vermögenswerts übersteigt 500-600 Millionen USD. Sie könnten den Vermögenswert verkaufen, wenn seine Marktkapitalisierung 500-600 Millionen USD übersteigt.

4. Teilweiser Ausstieg. Sie können mehrere Teilausstiege bei Ihren spekulativen Geschäften vornehmen. Dies gilt sowohl bei Gewinnen als auch bei Verlusten.

- Behalten Sie stets den Überblick über Ihre Trades, einschließlich Einstiegskurs, Ausstiegskurs und gezahlte Provisionen. Sie können eine Excel-Datei oder spezielle Apps wie CoinStats oder Delta verwenden.

Extra: Wie Sie unsere Community unterstützen können + unser On-Chain Analysis Signals Channel

Wie Sie unsere Community unterstützen und gleichzeitig wirtschaftliche Vorteile erzielen können

Liebe Leserinnen und Leser, ich hoffe, dieses Buch hat Ihre Erwartungen erfüllt. Ich hoffe, Sie haben nun eine klarere Vorstellung von der Welt der Kryptowährungen, einschließlich BTC, ETH, Altcoins, Wallets, Blockchain, CEX, DEX, DeFi, etc. **Vor allem hoffe ich, dass die Informationen in diesem Buch Sie in die Lage versetzen, unabhängig und selbstständig auf dem Kryptomarkt zu handeln** und dabei die Risiken und potenziellen Gewinne, die Sie haben, gut zu verstehen. Sowohl bei langfristigen Investitionen als auch bei kurzfristigen Spekulationen.

Wenn Ihnen das Buch gefallen hat, hinterlassen Sie uns bitte eine Rezension auf Amazon. Für Sie ist es eine Geste, die ein paar Sekunden Ihrer Zeit in Anspruch nimmt, aber für uns ist es sehr viel wert. Ich danke Ihnen von ganzem Herzen im Voraus.

Wenn Sie sich für einige der Produkte und Dienstleistungen interessieren, die wir in diesem Buch besprochen haben, schließen Sie Ihren Kauf oder Ihr Abonnement bitte über unsere Partnerlinks ab. Für Sie ändert sich nichts, während es für uns eine wichtige Einnahmequelle ist, um weitere wertvolle Inhalte und Bücher zu finanzieren. **Und nicht nur das: Im speziellen Fall der empfohlenen Börse erhalten Sie über unsere Affiliate-Links einen Rabatt auf die Handelsgebühren oder einen Willkommensbonus, je nachdem, in welchem Land Sie leben.**

Nachfolgend finden Sie eine Zusammenfassung aller Produkte und Dienstleistungen, die wir erwähnt haben, mit entsprechenden Links und QR-Codes, die Sie mit unseren Partnerlinks zu den Webseiten führen.

- **Bester Exchange: https://www.thecryptogo.com/best-exchange/.**

- **Beste Hardware-Wallet: https://www.thecryptogo.com/best-hardware-wallet/.**

- **Nansen: https://www.thecryptogo.com/nansen/.**

Unser On-Chain-Analyse Signal Kanal

Wissen Sie, was der einzige Nachteil von Nansen ist? Die Kosten.

Derzeit kostet der Standardtarif 150 USD pro Monat, wenn Sie monatlich zahlen, 125 USD pro Monat, wenn Sie vierteljährlich zahlen, und 100 USD pro Monat, wenn Sie jährlich zahlen.

Die beiden anderen Tarife von Nansen, ‚VIP‘ und ‚Alpha‘, sind sehr teuer und kosten derzeit 1.500 USD pro Monat bzw. 3.000 USD pro Monat, wenn Sie sich für die monatliche Zahlung entscheiden. Ein so großer Preisunterschied zwischen den beiden letztgenannten Tarifen und dem Standard-Tarif ist jedoch nicht gerechtfertigt. **Sie können alle Analysen, die wir gesehen haben, mit dem Standardtarif durchführen.** Die höheren Tarife bieten einige zusätzliche Funktionen, vor allem Filter, Vorabzugriff auf neue Dashboards, Zugang zu privilegierten Berichten und Premium-Dienste wie wöchentliche Anrufe und 1:1-Schulungen für den Alpha-Tarif. Wenn Sie sich bei Nansen anmelden möchten, empfehle ich Ihnen, den Standard-Tarif zu wählen.

Ich erinnere Sie daran, dass Smart Alerts nur funktionieren, wenn Sie zahlender Kunde von Nansen sind. Sie müssen also Ihr Abonnement aktiviert lassen, wenn Sie benachrichtigt werden möchten, wenn eine SM-Wallet den von Ihnen gekauften Token verkauft. Wie Sie gesehen haben, sind Smart Alerts sehr wichtig für Ihre Spekulationsstrategie. Sie können Sie nämlich warnen, wenn eine oder mehrere der SM-Wallets, die Sie in Ihrer Analyse gefunden haben, den von Ihnen untersuchten Vermögenswert verkaufen und damit ein Ausstiegssignal erzeugen.

Neben den Kosten ist ein weiterer Nachteil der Verwendung von Nansen und der Anwendung der von Ihnen entdeckten Spekulationsstrategien der Zeitfaktor.

Wenn Sie einen Job oder ein Geschäft haben, das einen Großteil Ihrer Zeit in Anspruch nimmt, kann es für Sie vielleicht schwierig sein, täglich zu analysieren, was auf der Blockchain passiert. **Leider kostet die ständige Überwachung der Aktivitäten der SM-Wallets auf der Blockchain sowie die grundlegende Analyse potenziell interessanter Projekte und Vermögenswerte, die von SM-Wallets gekauft werden, Zeit.** Nur wenn Sie jeden Tag Zeit aufwenden, um die Bewegungen der SM-Wallets zu verfolgen und die von ihnen gekauften Vermögenswerte im Detail zu analysieren, können Sie Ergebnisse erzielen. Nur so können Sie Edelsteine finden, die Ihnen schnell große Renditen bescheren können.

Wenn Sie nicht die Zeit haben, täglich On-Chain-Daten zu analysieren und Fundamentalanalysen zu den interessanten Projekten durchzuführen, die SM-Wallets kaufen, ist das ein Problem.

In Anlehnung an diese beiden Probleme (Kosten und Zeit) haben wir bei Crypto Go ein Angebot geschaffen, das viele unserer Kunden als „unwiderstehlich“ bezeichnet haben. In der Tat haben wir einen Premium-Telegram-Kanal eingerichtet, der Sie jede Woche mit unseren On-Chain-Analysesignalen versorgt. Der Name dieses Kanals ist „Crypto Go Analysis“.

Und so funktioniert es. Unser On-Chain-Analystenteam überwacht täglich mit Nansen, was auf der Blockchain geschieht. Die interessantesten Gelegenheiten, die dieses Team entdeckt, werden dann jeden Tag an unser Fundamentalanalystenteam weitergeleitet, das eine Fundamentalanalyse der vom vorherigen Team vorgeschlagenen

Projekte durchführt, unabhängig davon, was auf der Blockchain passiert. **Im Wesentlichen haben wir bei Crypto Go ein Team, das sich den Schritten ‚Identifizieren' und ‚On-Chain-Analyse' widmet, und ein Team, das sich der Phase ‚Fundamentalanalyse' widmet.**

Die Gelegenheiten, die diese von unseren beiden engagierten Teams durchgeführten Due-Diligence-Prüfungen bestehen, werden für das Glücksspiel ausgewählt. Im Laufe der Zeit und auf Anregung unserer Kunden haben wir beschlossen, den kostenpflichtigen Telegram-Kanal „Crypto Go Analysis" einzurichten, **in dem Sie gegen eine regelmäßige Gebühr jede Woche die besten oder die zwei besten Glücksspielmöglichkeiten erhalten, die unsere beiden Analystenteams identifizieren.**

Unsere Kunden sagen uns, dass „Crypto Go Analysis" aus den folgenden zwei Gründen unwiderstehlich ist:

1. **Haben Sie keine Zeit, den On-Chain-Markt zu verfolgen und interessante Projekte zu analysieren? Wir machen Ihnen das Leben leichter, denn wir nehmen Ihnen den Großteil der Arbeit ab.** Wir wählen jede Woche die beste oder die zwei besten Glücksspielmöglichkeiten aus und bringen sie zu Ihnen.

2. **Kostet Nansen zu viel? Die monatliche Gebühr, um Teil des „Crypto Go Analysis"-Kanals zu sein, kostet genau 20 % weniger als Nansen.** Die Kosten betragen also 120 USD pro Monat, wenn Sie monatlich zahlen, 100 USD pro Monat, wenn Sie vierteljährlich zahlen, 80 USD pro Monat, wenn Sie jährlich zahlen. **Der Unterschied ist, dass wir die meiste Arbeit bereits für Sie erledigt haben, im Gegensatz zu Nansen, wo Sie alles selbst machen müssen.**

Und nicht nur das. Wenn Sie auf den Kanal „Crypto Go Analysis" zugreifen, erhalten Sie auch alle Ausstiegswarnungen in Bezug auf die von den entsprechenden SM-Wallets verkauften Vermögenswerte. Sie brauchen sich also um nichts zu kümmern, denn Sie finden in diesem Kanal auch bereits integrierte und aktive Smart Alerts. Natürlich können Sie diese Ausstiegsmöglichkeiten nur erhalten, wenn Sie Ihr Abonnement des Kanals aktiv halten.

Ich muss jetzt einen wichtigen Hinweis geben. Ich habe diesen Kanal bewusst als „Kanal für Analysesignale auf der Blockchain' und nicht als ‚Kanal für Handelssignale' bezeichnet. **In der Tat werden die Signale, die Sie erhalten, Ihnen einen Großteil der Arbeit ersparen, aber gleichzeitig werden sie Sie dazu einladen, selbst tiefer in die Materie einzusteigen, und zwar durch Quellen, die Sie mit einem Klick konsultieren können.**

Jedes Signal enthält u. a. eine Zusammenfassung des Projekts und Links zu den wichtigsten Ressourcen, die Sie konsultieren können. Darüber hinaus enthält jedes Signal die nach Meinung unserer Analystenteams positiven, negativen und neutralen Punkte des Projekts. Unser Ziel ist es, Ihnen die unserer Meinung nach besten spekulativen Gelegenheiten der Woche vorzuschlagen, aber gleichzeitig laden wir Sie immer ein, sich selbst zu informieren und zu entscheiden. Aus diesem Grund senden wir Ihnen auch mehrere Ressourcen zu dem Projekt, die Sie mit einem Klick konsultieren können.

Der Crypto Go Analysis-Kanal erspart Ihnen letztlich 90 % der Arbeit, die Sie für eine erfolgreiche Spekulation aufwenden müssten (und spart gleichzeitig Geld für das Nansen-Abonnement), allerdings müssen Sie immer noch 10 % der Arbeit selbst leisten, indem Sie die Ressourcen lesen und verstehen, die wir Ihnen zu jedem Signal schicken.

Ich lade Sie daher ein, sich nach der Lektüre dieser Ressourcen eine eigene Meinung zu bilden und selbstständig zu entscheiden, ob Sie mit dem von uns vorgeschlagenen Vermögenswert spekulieren wollen oder nicht. Wenn der Vermögenswert Sie nicht überzeugt, kaufen Sie ihn nicht! Sie erhalten ein oder zwei Signale pro Woche, daher empfehle ich Ihnen, nur auf Werte zu setzen, die Ihnen gefallen. Denken Sie auf jeden Fall daran, dass Ihr Abonnement in der Gruppe aktiv bleiben muss, damit Sie immer von den Ausstiegsmöglichkeiten im Zusammenhang mit dem Verkauf von Vermögenswerten durch SM-Wallets profitieren können.

Dieser Service ist als Alternative zu Nansen gedacht, da wir den Großteil der Arbeit übernehmen und Sie die Kosten für das Nansen-Abonnement sparen. Wenn Sie hingegen viel Zeit für die Kryptowelt aufbringen und/oder selbstständig an der täglichen Überwachung der On-Chain-Aktivitäten und an der grundlegenden Untersuchung der interessantesten Krypto-Projekte arbeiten möchten, dann sollten Sie Nansen abonnieren. Einige unserer Kunden haben sich auch dafür entschieden, sowohl unseren Crypto Go Analysis-Kanal als auch Nansen zu abonnieren, so dass sie unsere Analysen erhalten, gleichzeitig aber auch Nansen selbst konsultieren können. Es liegt an Ihnen zu entscheiden, wie Sie vorgehen möchten, letztendlich ist dies abhängig von Ihren finanziellen Ressourcen und Ihrer Zeit.

Ein praktisches Beispiel für eines unserer On-Chain-Analyse-Signale

Um besser zu verstehen, wie die Signale aussehen, die Sie erhalten, wenn Sie den Kanal Crypto Go Analysis abonnieren, finden Sie unten ein Beispiel für ein Signal, das an Abonnenten gesendet wird. Einige Informationen wurden zensiert. In Klammern finden Sie einige Erklärungen.

Datum: XX/XX/XXXX

Name des Vermögenswerts: XXXX

Typologie des Vermögenswertes: Ethereum Layer 2 - ERC20 Token

Zufluss von Smart Money in den letzten 24 Std.: 50.234 USD

Aktueller Preis: 0,01796 USD

24-Stunden-Handelsvolumen: 2.835.225 USD

Umlaufender Vorrat: 8,245,460,686

Maximales Angebot: 10,000,000,000

Gesamtangebot: 10,000,000,000

Marktkapitalisierung: 148.088.474 USD

FDMC: 179.600.000 USD

FDMC/Marktkapitalisierung: 1.21

Offizielle Website: XXX

Link zu offiziellen Dokumenten: XXX

Links zu Smart-Contract-Prüfungen:

1. XXX
2. XXX
3. XXX

Links zu wertvollen Artikeln und Informationen:

1. XXX
2. XXX
3. XXX

Zusammenfassung des Projekts: (hier finden Sie eine Zusammenfassung des Projekts, in der Regel bis zu 300 Wörter).

XXXXXX

Gute Punkte: (positive Punkte des Projekts nach Meinung unserer Analysten)

- Sehr gutes Verhältnis zwischen FDMC und Marktkapitalisierung.
- Die Marktkapitalisierung liegt unter 200.000.000 USD.
- Das Projekt hat einen echten Nutzen, da es dazu beiträgt, die Privatsphäre und Souveränität der Nutzer in Web 3.0-Plattformen zu verbessern.
- Der Token ist ein Utility-Token, da er im Rahmen des von dem Projekt entwickelten Kryptographieverfahrens verwendet wird.
- Das Projekt legt großen Wert auf die Governance.
- Die Dokumente haben eine technische Sprache und konzentrieren sich eher auf den Projektnutzen als auf Preis und Rendite.

- Der Prozess, wie das Protokoll funktioniert und woher die Erträge kommen, ist in den Docs gut erklärt.
- Die TVL ging während des Zusammenbruchs von FTX stark zurück und steigt jetzt wieder an. Dies ist ein gutes Zeichen: Es könnte sein, dass die TVL aus strukturellen Gründen (Zusammenbruch des FTX) gesunken ist und nun wieder steigt.
- 3 Smart Money Wallets sind unter den Top 20 Wallets mit dem höchsten Anteil an Tokenbesitz.
- Auf Nansen zeigt das Diagramm ‚Tokens held by smart money with # of wallets' einen konstanten Anstieg sowohl hinsichtlich der Anzahl der smart money wallets als auch hinsichtlich des gesamten smart money Guthabens.
- Bei Nansen zeigt das Diagramm ‚Token seniority distribution', dass Token oft langfristig gehalten werden.
- Bei Nansen zeigt das Diagramm ‚Unique addresses for token' einen konstanten Anstieg der Anzahl der Geldbörsen, die den Token halten.
- Ein wichtiges Krypto-Risikokapital hat in dieses Projekt investiert: XXX.
- Eine Smart-Money-Wallet hält derzeit 7,35 % ihres eigenen Vermögens, d. h. 858.963 USD, in diesem Token.

Schlechte Punkte: (negative Punkte des Projekts nach Meinung unserer Analysten)

- Smart Contract Audits nicht verfügbar.
- Unverfallbarkeitsregeln, die nicht in den Unterlagen aufgeführt sind.

Neutraler Punkt: (neutrale Punkte des Projekts nach Meinung unserer Analysten)

- Die Verteilung der Token ist ziemlich zentralisiert.
- Online sind nicht viele Informationen über das Team verfügbar.

Geldbörsenadressen relevanter intelligenter Geldgeber, die den Vermögenswert in den letzten 48 Stunden akkumuliert haben:

- XXX (Adresse SM)

Geldbörsenadressen relevanter Geldgeber, die in ihrem Portfolio einen erheblichen Anteil des Vermögenswerts haben:

- XXX (Adresse SM)
- XXX (Adresse SM)

Beste CEX oder DEX, um den Vermögenswert zu kaufen:

DEX Uniswap. Weniger als 1 % Preisauswirkung für Trades unter 20.000 USD, wenn Sie Ether tauschen.

(Hinweis: Wir sagen Ihnen, welches die besten Plattformen sind, CEX oder DEX, um die Kauftransaktionen durchzuführen. Sie müssen sich nicht darum kümmern, die günstigsten DEX oder CEX zu finden, wie z. B. die DEX mit den liquidesten Pools. Wir sagen Ihnen auch, bis zu welchem Betrag ein Handel auf einem bestimmten DEX einen signifikanten Preiseinfluss hat. Schließlich sagen wir Ihnen, welches der beste Vermögenswert für den Handel mit dem Token ist, d. h. derjenige, der den geringsten Einfluss auf den Preis hat, unabhängig von der Menge, die Sie kaufen; dieser Vermögenswert ist fast immer Ether, weil die Pools, die Ether verwenden, sehr oft die liquidesten in DeFi sind.)

Ausstiegsmöglichkeit 1 - Verkauf von Vermögenswerten durch einschlägige Smart-Money-Wallets:

Wenn eine oder mehrere der oben genannten Smart-Money-Wallets mehr als die Hälfte ihrer Bestände an diesem Vermögenswert verkaufen.

Ausstiegsmöglichkeit 2 - Marktkapitalisierung über 500-600 Millionen USD:

Wenn die Marktkapitalisierung des Projekts 500-600 Millionen USD übersteigt.

KEINE FINANZBERATUNG, STELLEN SIE IHRE EIGENEN NACHFORSCHUNGEN AN

Entdecken Sie Crypto Go Analysis

Erfahren Sie mehr über die Funktionen und Vorteile unseres Premium-Telegram-Kanals Crypto Go Analysis unter folgendem Link oder mit dem QR-Code: https://www.thecryptogo.com/signals-with-discount/.

Schlussbemerkung

Sie müssen stolz auf das sein, was Sie gelernt haben. Ich empfehle Ihnen, das Buch mehrmals zu lesen, damit Sie alle Konzepte gut verinnerlichen können. Sie können auch die abschließenden Zusammenfassungen der Kapitel von Zeit zu Zeit lesen, vielleicht wenn Sie einige Konzepte schnell auffrischen möchten. **Ich rate Ihnen auch, immer neugierig zu sein.** Vertiefen Sie sich in Konzepte, auf die Sie neugierig sind, und recherchieren Sie diejenigen, die Ihnen nicht ganz klar sind. In der Kryptowelt lernt man nie aus, vor allem im Hinblick auf die Tatsache, dass sich so viele Dinge sehr schnell ändern, daher ist es wichtig, immer auf dem Laufenden zu bleiben. **Wenn Sie ein Anliegen haben, wenden Sie sich bitte an die folgende E-Mail-Adresse: info@thecryptogo.com.** Wir antworten immer auf alle E-Mails. Sie können auch auf unserer Website weitere Informationen über uns finden. **Bevor ich mich verabschiede, möchte ich Sie an den kleinen Gefallen erinnern, um den ich Sie persönlich bitte. Wenn Ihnen dieses Buch gefallen hat, hinterlassen Sie uns eine Rezension auf Amazon, indem Sie den folgenden QR-Code mit Ihrem Smartphone scannen!** Es ist eine Geste, die uns sehr viel bedeutet.

Ich hoffe, dass es weitere Gelegenheiten geben wird, mit Ihnen in Kontakt zu bleiben. In der Zwischenzeit grüße ich Sie herzlich und wünsche Ihnen, dass Sie alle Ihre Investitions- und Spekulationsziele erreichen.

John Bax - Gründer von Crypto Go

www.thecryptogo.com

cryptogo

Printed in Poland
by Amazon Fulfillment
Poland Sp. z o.o., Wrocław

46313318R00065